CHRISTIANOPOLIS

ERKLÄRUNG DER ERSTEN SIEBEN KAPITEL
DES WERKES
REIPUBLICAE CHRISTIANOPOLITANAE DESCRIPTIO
VON
JOHANN VALENTIN ANDREAE

VON

J. VAN RIJCKENBORGH

Ein Tag in den Vorhöfen Gottes ist besser denn sonst tausend; ich will lieber die Tür hüten in meines Gottes Hause, denn wohnen in der Gottlosen Hütten. Denn Gott der Herr ist Sonne und Schild; der Herr gibt Gnade und Ehre; er wird kein Gutes mangeln lassen den Frommen (Psalm 84)

ZWEITE, ÜBERARBEITETE AUSGABE

1990

ROZEKRUIS PERS - HAARLEM - NIEDERLANDE

Aus dem Niederländischen übersetzt
Ursprünglicher Titel:
CHRISTIANOPOLIS

Internationale Schule des Goldenen Rosenkreuzes
Lectorium Rosicrucianum
Hauptsitz:
Bakenessergracht 11-15, Haarlem, Niederlande

ISBN 90 6732 039 0

Copyright © 1978 by Rozekruis Pers, Haarlem, Niederlande

INHALTSVERZEICHNIS

	Vorwort	7
I	Die Insel Caphar Salama	13
II	Der Ursprung der Stadt Christianopolis	27
III	Erste Prüfung der Lebensauffassung und des sittlichen Verhaltens des Neophyten	39
IV	Die Untersuchung der Persönlicheit des Neophyten	51
V	Die Untersuchung der persönlichen Bildung des Neophyten	61
VI	Beschreibung der Stadt der Magier	73
VII	Die Stadt der Mysterien (I)	85
VIII	Die Stadt der Mysterien (II)	96
IX	Magische Architektur	105
X	Weitere Aufklärungen über die Stadt der Mysterien	115

Johann Valentin Andreae im Alter von 53 Jahren

VORWORT

Im Jahre 1619 ist von Johann Valentin Andreae in lateinischer Sprache eine Schrift unter dem Titel *Reipublicae Christianopolitanae Descriptio* (Beschreibung der Republik Christianopolis) erschienen. Über einige Abschnitte dieser Schrift hat Jan van Rijckenborgh in den Jahren vor dem zweiten Weltkrieg in verschiedenen Tempeldiensten gesprochen und den damaligen Schülern der Schule des Rosenkreuzes den tieferen Sinn erklärt. Den Inhalt dieser Tempeldienste, die auch heute noch aktuell genannt werden dürfen, haben wir in dieser Ausgabe zusammengefaßt.

Außer den Worten Jan van Rijckenborghs wurden auch die entsprechenden sieben Kapitel des Werkes von Andreae aufgenommen. Es sei darauf hingewiesen, daß den Ansprachen Jan van Rijckenborghs eine englische Übertragung des Andreaeschen Textes in niederländischer Übersetzung zugrunde lag.

Möge es dem Leser vergönnt sein, sein Leben so zu gestalten, daß auch er einmal sein Christianopolis, die Stadt Christi, betreten kann.

Rozekruis Pers

DER ANLASS ZUR REISE UND DER SCHIFFBRUCH

Während ich als Fremdling durch die Welt irrte, Tyrannei, Betrug und Heuchelei erduldete und nicht den Menschen fand, den ich doch mit großem Verlangen suchte, beschloß ich, noch einmal über das Akademische Meer zu fahren, obwohl es mir häufig Schaden zugefügt hatte. So ging ich an Bord des guten Schiffes «Phantasie», verließ mit vielen anderen den bekannten Hafen und setzte mein Leben den tausend Gefahren aus, die das Verlangen nach Kenntnis begleiten.

Zunächst waren die Umstände unserer Reise günstig. Nach kurzer Zeit aber zogen Neid- und Laserstürme auf, die das Äthiopische Meer gegen uns aufpeitschten und uns alle Hoffnung auf ruhige Fahrt nahmen. Kapitän und Mannschaft setzten sich bis zum letzten ein. Auch wir gaben uns aus Selbsterhaltungstrieb noch nicht verloren, und sogar das Schiff widerstand den Klippen. Aber die Gewalt des Meeres erwies sich als stärker und schließlich, als alle Hoffnung verloren war und wir uns mehr aus Notwendigkeit, denn aus Seelenstärke auf den Tod vorbereitet hatten, zerbarst das Schiff, und wir sanken.

Einige wurden von der See verschlungen, andere weit abgetrieben, während wieder andere, die schwimmen konnten oder eine Planke gefunden hatten, zu einer der Inseln getrieben wurden, die im Meer verstreut lagen.

Wenige entgingen dem Tod. Ich allein wurde schließlich ohne einen Gefährten auf eine kleine Insel getrieben, die sehr klein zu sein schien.

Christianopolis, Kapitel I

DIE ANKUNFT AUF DER INSEL CAPHAR SALAMA

Alles gefiel mir hier, nur ich mir selbst nicht. Die Insel, so klein sie schien, hatte an allem großen Überfluß, und es gab keinen Fußbreit Boden, der nicht bebaut war oder irgendwie dem allgemeinen Nutzen diente. Die Insel lag, wie ich später erfuhr und dem Leser nicht vorenthalten will, auf der südlichen Erdhalbkugel, 10 Grad vom Südpol, 20 Grad vom Äquator und ungefähr 12 Grad unter dem Zeichen Stier. Weitere Einzelheiten kann ich nicht angeben. Die Form ist ein Dreieck mit einem Umfang von ungefähr 30 Meilen.

Die Insel ist reich an Äckern und Wiesen, wird von Flüssen und Bächen durchzogen, ist mit Wäldern und Weingärten geschmückt, und es wimmelt auf ihr von Tieren, als wäre es eine ganze Welt im Kleinen. Man könnte glauben, daß Himmel und Erde sich hier vermählt hätten und im ewigen Frieden vereint wären.

Während ich mein Hemd, das einzige Kleidungsstück, das mir geblieben war, in den Strahlen der Morgensonne trocknete, kam plötzlich ein Inselbewohner, einer von den Wächtern, zu mir und erkundigte sich teilnahmsvoll nach meinem Mißgeschick. Da er aufrichtiges Mitleid mit meinem Unglück hatte, bat er mich, ihm zu vertrauen und ihn in die Stadt zu begleiten, wo die Bevölkerung mich mit dem üblichen Wohlwollen Fremden und Verbannten gegenüber mit dem Nötigsten versorgen würde. Er fügte hinzu:

«Glücklich bist Du, dessen Los es war, nach einem solchen schrecklichen Schiffbruch gerade hier an Land geworfen zu werden.» Ich konnte nur antworten: «Gott sei gedankt! Ehre sei Gott!»

Christianopolis, Kapitel II

I

DIE INSEL CAPHAR SALAMA

Wer die Philosophie des Rosenkreuzes studiert, weiß, daß eine sehr eingreifende und oft sehr dramatische Wechselwirkung zwischen den verschiedenen Lebenswellen besteht, die das Universum bevölkern. Wie verschiedene kleine Himmelskörper durch stärkere Sternformationen aus ihrer Bahn geworfen werden können, so können fortgeschrittenere, ältere Lebenswellen schwächere, jüngere Lebensströme aus ihrer Entwicklungsbahn werfen und ihre naturgesetzmäßige Entwicklung derart stören, daß von den erhabenen Leitern allen Lebens eingreifende Maßnahmen ergriffen werden müssen, um die ihnen anvertrauten Gottesfunken vor der Vernichtung zu bewahren.

Diese Lehre kann auf unterschiedliche Weise bewiesen und wissenschaftlich fundiert werden. Obwohl wir uns nicht damit beschäftigen wollen, solche Beweise zu sammeln und zu erläutern, möchten wir Ihnen doch ein Beispiel geben, um unser Bauwerk, den Forderungen unserer Arbeit entsprechend, auch ästhetisch zu versorgen.

Wir weisen Sie daher auf die tierische Lebenswelle hin, die nach uns kommt und noch nicht so weit entwickelt ist und auf vielfache Weise von der Menschheit beeinflußt wird. Wir benutzen unsere Macht in dieser Hinsicht nicht nur in rechter Weise, sondern vornehmlich in höchst unrechter Weise. Unzählige Tierarten werden durch unseren bösen Einfluß völlig desorganisiert, und die Bosheit, Wildheit und Gefährlichkeit, die uns aus dem Tierreich bedrohen, wurden unmittelbar von der menschlichen Lebenswelle selbst verursacht. Unsere Schlechtigkeit und Unvollkommenheit, unsere verdorbene Wirklichkeit spiegeln sich im Tierreich wider. Die verpestende Ausdünstung, die vom Menschenreich ausgeht, verursacht viele Wucherungen, die sich auch im Tierreich beweisen, z.B. in der Welle schädlicher Insekten und der unser Leben bedrohenden Mikroben und Bakterien. Ursprünglich mit der Umwandlung organischer Stoffe in anorganische betraut, wenden sie sich nun, vom kollektiven Geist des Widerstandes im Tierreich geleitet, mit einem für uns erschreckenden Ergebnis gegen das Menschenreich.

In ähnlicher Weise gibt es eine Einwirkung der Lebenswoge der Engel auf die menschliche Lebenswelle. In einer sehr beängstigenden Stunde unserer Pilgerreise, die uns allerdings durch die Nebel der Vergangenheit ganz verborgen ist, traf uns ein schwerer Schlag und entwickelte sich ein für uns folgenschweres Verhängnis, das von der Lebenswelle der Engel ausgelöst wurde.

Zahlreiche Mythen und Legenden berichten von diesem schrecklichen Geschehen. Unter anderem lesen wir darüber in den verstümmelten Resten der manichäischen Lehre. Vor allem jedoch klärt uns die Bibel, zwar verschleiert, aber für die innerlich Wissenden sehr konkret, über die Geschehnisse auf, die eine völlige Veränderung der Methoden des göttlichen Entwicklungsplanes brachten, welcher der menschlichen Lebenswelle zugrunde liegt.

Zwei Gruppen aus dem Reich der Engel, die Mond- und

Marsgeister, hatten und haben noch stets den Auftrag, der menschlichen Lebenswelle bei ihrer Entwicklung zu helfen. Die Mondkräfte erbauen die Form, die Marskräfte entwikkeln in dieser Form die dynamische Energie, nämlich die Kraft des Begehrens, damit aus der Wechselwirkung zwischen Form und Begehren Bewußtsein entsteht.

Die erwähnten Quellen berichten uns, daß ein Teil der Marsgeister, entgegen dem göttlichen Gebot, ihre Aufgabe allzu drastisch ausführte, wodurch das Böse, das durch die weise Vorsehung gebunden und neutralisiert war, entbunden wurde, so daß der Kindmensch aus Mangel an Reife und genügend entwickelter Kraft unter den Einfluß des Bösen geriet.

Das Böse, die Dunkelheit muß es als negative Möglichkeit immer geben, damit die freie Entwicklungsmöglichkeit des Guten, des Lichtes, der positiven Möglichkeit gesichert ist. Dieses Naturgesetz ist unantastbar und wurde mit einer göttlichen Warnung in eine theokratische Weltordnung eingeführt.

Diese theokratische Weltordnung wird in der Genesis mit einem Garten mit vielen Obstbäumen verglichen, in dem viele Kräfte anwesend sind. Der Kindmensch wird mit göttlicher Hilfe und durch göttliches Licht über alle vorhandenen Gefahren und Werte aufgeklärt.

Verschiedene Früchte, Kräfte und Werte sollte der Kindmensch nutzen, von anderen wird gesagt: »An dem Tage, da ihr davon eßt, sollt ihr des Todes sterben.« Das Böse existiert, es ist jedoch am Anfang verschlossen. Aber es kann vom Menschen entfesselt werden.

Es gibt viel Böses, von dem Sie wissen oder das Sie vermuten, ohne daß Sie das Verlangen hätten, es zu tun. Das Positive, das Sie teilweise bewußt verwirklicht haben, bewahrt Sie in dieser Hinsicht vor Experimenten, während das Gute, von dem Sie etwas kennen, Sie auch befähigt, die Folgen des Bösen zu erkennen, ohne es selbst ausgeübt zu haben.

Sie müssen stets mit dieser Möglichkeit rechnen. Es ist nicht so, wie viele Menschen behaupten, daß man sich erst dann dem Positiven nähern kann, wenn man das Resultat des Negativen am eigenen Leib erfahren hat. Eine Erfahrung im vernünftig-sittlichen Bewußtsein ist für einige völlig ausreichend, während andere, um die gleiche Bewußtseinserfahrung zu gewinnen, erst durch Berge von Unrat waten müssen. Sie brauchen kein Alkoholiker gewesen zu sein, um zu wissen, daß Alkohol schlecht ist.

Wir wollen Ihnen nur sagen, daß es prinzipiell möglich ist, das Böse gebunden zu halten, ohne den Menschen zu einem lebenden Automaten zu machen, und daß man Bewußtsein ohne vorherige bittere Erfahrungen erwerben kann. Die göttliche Liebe ist so absolut, daß der Mensch in dieser Klarheit alle latenten Möglichkeiten entwickeln kann.

In grauer Vorzeit fiel die Menschheit den Experimenten der abgewichenen luziferischen Geister zum Opfer. Sie eröffneten eine Entwicklung, die dem Negativen die Möglichkeit bot, die junge Menschheit unter ihren Einfluß zu bringen. Infolgedessen degenerierte die Form, wodurch der Tod und darauf folgende Inkarnation als Notmaßnahmen eingeführt werden mußten, um die menschliche Lebenswelle in der Entwicklung zu halten. Die Folgen dieses Sündenfalles waren entsetzlich, und ohne Ausnahme mußte die Menschheit seitdem die bitteren Früchte ernten. Und nun lebt sie in einer Widernatur und ißt von den verbotenen Schätzen.

Jedoch seit diesem Fall treten die Christushierophanten auf und wird die Ankunft dessen angekündigt, in dessen Kraft wir einmal den Kopf der alten, bösen Schlange zertreten, während sie uns die Fersen verletzen kann.

Viele haben sich gefragt, was in Genesis 3 das Wort »Fersen« zu bedeuten hat. Dieser Text ist jedoch nicht schwer zu verstehen. Wenn unsere Fersen zerschunden sind, können wir nicht laufen. Mit anderen Worten: Die tätig werdenden negativen Kräfte versuchen kraft ihres Wesens alles, um die Aufwärtsentwicklung zu behindern und möglichst zu beenden.

In diesem Titanenstreit befinden wir uns alle. Die schwarzen Kräfte setzen alles daran, die Fersen der Menschen zu verletzen, und leider ist es ihnen bei vielen Menschen bereits gelungen.

Aber daneben treten die Christushierophanten mit einem gewaltigen Rettungsplan in Erscheinung. Da der Mensch das Böse – sei es auch durch Anstiftung Dritter – selbst entfesselt hat, muß er es aufgrund des Gottesplanes auch selbst wieder fesseln. Es wird für ihn leicht sein, weil er zu seiner Rettung ebenfalls von Dritten angespornt wird und in ihrer Kraft arbeiten kann. Kein Geringerer als Christus befähigt uns, »wieder Kinder Gottes zu werden«.

Der Rettungsplan der Christushierophanten, der Weißen Bruderschaft, hat zum Ziel, aus einer genügenden Anzahl Menschen durch positive Ausbildung ihrer latenten

Vermögen in der Liebe Christi ein Kraftfeld zu bilden. Dadurch wird erstens das Böse zurückgedrängt und gebunden und zweitens eine neue Erziehungsmethode für die vielen Millionen geschaffen, die schwer verwundet und mit zerschundenen Füßen auf dem Pfad der Menschheit niedergesunken sind.

Diese zweifache Aufgabe wird uns unter anderem im wunderbaren Buch der Offenbarung erklärt. Wir lesen dort, daß das Tier in den Abgrund geworfen wird und das tausendjährige Reich beginnt, in dem die Menschheit auf den endgültigen Kampf gegen das Böse vorbereitet wird, das dann definitiv neutralisiert werden soll. Was anfangs durch das Eingreifen der Weißen Bruderschaft zeitweilig gelingt, wird dann von der gesamten Menschheit in Tat und Wahrheit befestigt werden, so daß eine neue Entwicklungsspirale, angedeutet als das »neue Jerusalem«, beginnen kann.

Es wird Ihnen logisch erscheinen, daß die Schüler der Mysterienschule des Rosenkreuzes bei all ihren Vorbereitungen zur geistigen Entwicklung auch Einsicht erhalten und vollkommen orientiert sein müssen über das tausendjährige Reich, das von den alten Rosenkreuzern als Christianopolis und in der heutigen Geistesschule als Theokratie bezeichnet wird.

Bei einem Besuch der weltberühmten Bibliothek des Britischen Museums in London entdeckten wir vor einigen Jahren das fast völlig unbekannte Werk *Christianopolis* von Johann Valentin Andreae, dem Autor der *Fama Fraternitatis R.C.*. Von diesem Dokument der Bruderschaft des Rosenkreuzes aus dem Jahr 1619, das sich vielleicht schon einige hundert Jahre in dieser Bibliothek befunden haben mag, ohne daß sich jemand dafür interessierte, konnten wir eine englische Übersetzung mit nach den Niederlanden nehmen. Wir empfanden innerlich, daß wir den Inhalt des Buches, mit einem Kommentar versehen, ans Tageslicht bringen mußten, damit jeder Schüler davon Kenntnis nehmen und seine Arbeit darauf abstimmen könnte, um so besser im großen Werk dienen zu können.

Wir wollen uns nicht damit aufhalten, eine Antwort auf die Frage zu finden, weshalb gerade wir zu dieser Arbeit gerufen wurden, obwohl es doch gewiß viel geeignetere Menschen gibt, die mit größerem Erfolg eine solche Aufgabe übernehmen könnten. Wir wollen vielmehr unserem Drängen folgen und Sie mit Christianopolis, der Staatsform der Zukunft, verbinden, mit einer Stadt, deren Mauern in einer Zeit wie der unsrigen sich erst schwach am Horizont des Lebens abzeichnen.

Nun müssen Sie beachten, daß Christianopolis zwei Ansichten besitzt: eine dreidimensionale im Sinn eines zu verwirklichenden neuen Staates, der Theokratie, die daher an Zeit und grobstoffliche Verhältnisse gebunden ist, und eine vierdimensionale Ansicht im Sinn der Einweihung, der Lebensgemeinschaft, die als die Weiße Bruderschaft bekannt ist, welche den Laienbruder zu einem Bürger zweier Welten macht.

Im dreidimensionalen Sinn ist Christianopolis die Lebensgemeinschaft der Zukunft, die in Güte, Wahrheit und Gerechtigkeit von Menschenherzen, Menschenhäuptern und Menschenhänden verwirklicht werden muß. Im vierdimensionalen Sinn kann Christianopolis unmittelbar von jedem, der wahrlich will, erlebt werden.

Bei der Beurteilung der Werke Andreaes müssen wir immer diese beiden Ansichten berücksichtigen, denn die Verwirklichung der zweiten Ansicht ist die göttliche Tröstung, die Kraft des Heiligen Geistes, die den Schüler erfüllt, wenn er in bitterem Leiden und heftigem Streit die erste Ansicht verwirklichen will.

Deshalb geht Christianopolis, das Bauwerk der Bruderschaft des Rosenkreuzes, weit hinaus über die Idee eines Bellamy und das Streben der Bellamisten.* Die Bruderschaft des Rosenkreuzes hat ihren Staat auf die kosmischen Kraftlinien des Christentums gegründet, die Bellamisten wollen diesen Staat ohne innere Erneuerung verwirklichen.

Jeder muß jedoch verstehen, daß die Erbauer einer Stadt wie Christianopolis Menschen sein müssen, die bereit sind, den Pfad der inneren Erneuerung zu gehen.

Begeben wir uns nun auf den Weg nach Caphar Salama, wo der neue Staat gegründet ist.

Im ersten Kapitel der Erzählung *Christianopolis* wird ein Mensch beschrieben, der sich total von morschen, unbrauchbaren Lebensinhalten befreit hat und nach einer

---

* Edward Bellamy (1850-1898) war ein amerikanischer Autor, der sehr große Popularität erwarb durch sein utopisches Werk *Looking backward 2000-1887*. (Deutscher Titel: *Ein Rückblick aus dem Jahre 2000 auf 1887*). Darin propagierte er eine idealistische Gesellschaftsform, in der alle Menschen gleiche Rechte haben sollten. Die Hauptfigur, ein reicher Einwohner Bostons, fällt 1887 – in einer Periode des industriellen Chaos und des Konkurrenzkampfes – in einen tiefen Schlaf. Daraus erwacht er im Jahr 2000, in einer Welt der vollkommenen Ordung, Regelmäßigkeit, Gleichheit und Wohlfahrt. Die Auffassungen Bellamys fanden enormen Widerhall in diversen Ländern, und in kurzer Zeit wurde sein Buch in mehr als einer Million Exemplaren verkauft.

Lösung, nach einem Licht in der Dunkelheit sucht: *Während ich als Fremdling durch die Welt irrte, Tyrannei, Betrug und Heuchelei erduldete und nicht den Menschen fand, den ich doch mit großem Verlangen suchte, beschloß ich, noch einmal über das Akademische Meer zu fahren.* Er geht in innerer Glaubenssicherheit auf ein Schiff, das in seiner Flagge das Zeichen Krebs führt, und nimmt Kurs auf das Akademische Meer. Erwähnt werden muß noch, daß der Name des Schiffes *Phantasie* lautet.

Das Akademische Meer ist ein sehr unruhiges und gefährliches Fahrwasser, und der Reisende weiß sehr gut, daß er sein Leben wagt der vielen entgegenwirkenden Faktoren wegen, die aus der Dummheit entstehen.

Obwohl die Umstände, unter denen die Reise beginnt, zuerst sehr günstig sind, kommt bald ein sehr heftiger Sturm auf. Alle Kräfte werden eingesetzt, jedoch das Schiff wird von den Gewalten so beschädigt, daß es sinkt.

Die Schiffbrüchigen versuchen, das nackte Leben zu retten, aber viele ertrinken im Wasser. Andere werden weit auseinandergetrieben, und Johann Valentin Andreae wird schließlich, ohne einen Gefährten, verzweifelt mit den Wellen kämpfend, auf einer unbekannten Insel an Land getrieben.

Die Insel scheint sehr klein zu sein, hat jedoch großen Überfluß an allem, und es ist kein Stückchen Land zu sehen, das nicht kultiviert ist oder auf die eine oder andere Weise dem allgemeinen Nutzen dient. Der Name der Insel ist Caphar Salama. Sie liegt auf der südlichen Halbkugel, 10 Grad vom Südpol, 20 Grad vom Äquator und etwa 12 Grad unter dem Zeichen Stier. Sie hat die Form eines Dreiecks und einen Umfang von 30 Meilen. Andreae hat den Eindruck, eine vollständige Welt im Kleinen anzutreffen, die sich in ewigem Frieden entwickelt.

Nur in seinem Hemd, dem einzigen Kleidungsstück, das ihm geblieben, betritt Andreae den geweihten Strand von Caphar Salama und wird dort von einem Wächter der Insel empfangen, der ihn einlädt, mit ihm in die Stadt zu gehen, damit er dort mit dem Nötigsten versorgt werde.

Glücklich bist Du, dessen Los es war, nach einem solchen schrecklichen Schiffbruch gerade hier an Land geworfen zu werden, so spricht der Bewacher des Heiligtums, und der Schiffbrüchige antwortet: *Gott sei gedankt! Ehre sei Gott!*

Es wird Sie wahrscheinlich nicht viel Mühe kosten, den Sinn dieses leicht verschleierten Beginns zu erkennen. Wenn der Mensch seiner niederen Natur nach zerschlagen ist und von einem brennenden Verlangen durchglüht wird, Welt und Menschheit zu retten und in eine neue Lebenswirklichkeit emporzuheben, dann bleibt ihm nur eine Arbeitsmethode, <u>eine Arbeitsmöglichkeit, nämlich das Kreuz, das Vergießen des Seelenblutes für Welt und Menschheit in Selbstaufopferung und Selbstverleugnung</u> nach dem erhabenen Vorbild Jesu Christi, unseres Herrn.

Darum besteigt der Neophyt ein Schiff, welches das Zeichen Krebs in seiner Flagge führt. Krebs ist das Nadirzeichen, wie Sie wissen, der Fuß des Kreuzes, das in unserem Leben aufgerichtet ist. Allein in diesem Zeichen kann man überwinden.

Wenn das Bewußtsein des Schülers mit dieser Magie

verwoben ist, besitzt er auch ein inneres Wissen, das ihn berührt, ein Verbundensein mit einer universellen Kraft, von der er etwas in seinem Bewußtsein erfährt, dessen weitaus größter Teil sich jedoch im Nichts verliert, so wie das Meer sich am fernen Horizont mit dem Himmel vereinigt.

Was er spürt, sind Wellen, Kraftwellen, die anscheinend ohne Sinn kommen und gehen, Wellen, die ihn rufen, sich ihnen anzuvertrauen auf der Reise zum vernünftig-sittlichen Erkennen des Gottesplanes mit Welt und Menschheit.

So fährt das Schiff unter dem Zeichen Krebs hinaus auf das Akademische Meer des inneren Wissens. In einer Sinnesentrückung, in einer Phantasie, fährt der Schüler über den brausenden Ozean der unbekannten Möglichkeiten, um das abstrakte Unbekannte als einen konkreten Wert zu ergreifen und bei seinem Kreuzgang zum Kalvarienberg auszutragen.

Dieses Aufsteigen ins abstrakte Sein ist jedoch keine Poesie, kein liebliches Traumspiel, sondern ein Heldentum, ein intensiver Seelenkampf. Und so, erschöpft und zerschlagen, keinen Ausweg mehr sehend, kommt der Schüler in Caphar Salama an.

»Caphar« kann abgeleitet werden von dem Begriff »Widder« oder »Lamm«, »Salama« von dem Begriff »Weisheit«. Caphar Salama – das heißt, befreit sein vom letzten Rest Selbstbehauptung, aufgenommen sein in die ewige Weisheit des Lammes Gottes, das die Sünden der Welt hinwegnimmt.

Um die Bedeutung der Insel noch näher zu erläutern, wird uns die magische Lage erklärt:

10 Grad vom Südpol – zehn: das kabbalistische Symbol für die Hand Gottes; der Südpol, das Medium Coeli, die Pforte des Herrn, der oberste Teil des Kreuzes, wo das Haupt sich beugt mit dem Ruf: »Es ist vollbracht«;

20 Grad vom Äquator – zwanzig: kabbalistische Formel für den Begriff »aus dem Tod erwachen«, möglich geworden nach dem Überschreiten des Äquators, der Trennungslinie zwischen dem Negativen und dem Positiven, zwischen dem Niedergang und dem Aufstieg, zwischen Dunkelheit und Mittagshöhe;

12 Grad unter dem Stier – zwölf: das kabbalistische Symbol der prophetischen Vision, die aus einer gefüllten Schatzkammer emporsteigt, dem geistigen Kapital, symbolisiert durch Taurus, den Stier.

Die Form der Insel ist ein Dreieck, das mystische Freimaurersymbol des Trigonum Igneum, des feurigen Dreiecks der Güte, Wahrheit und Gerechtigkeit. Der Umfang der Insel beträgt 30 Meilen, eine Andeutung für die Weiße Bruderschaft, das siebenfache Kraftfeld des Eingeweihten.

Aus diesem magischen Wissen, aus dieser Gotteskraft, aus diesem ewigen Quell läßt Johann Valentin Andreae seine Staatsidee, sein Christianopolis erstehen. Und es muß uns mit Jubel erfüllen, wenn wir durch ihn die Stimme des Bewachers des Heiligtums vernehmen: *Glücklich bist Du, dessen Los es war, nach einem solchen schrecklichen Schiffbruch gerade hier an Land geworfen zu werden.*

Und wir können nur stammeln: *Gott sei gedankt! Ehre sei Gott!*

DER URSPRUNG DER STADT CHRISTIANOPOLIS

Während wir uns der Stadt näherten, erstaunte mich besonders ihr Anblick und ihre Schönheit. Nirgends auf der Welt habe ich derartig Schönes gesehen oder etwas, was auch nur annähernd damit verglichen werden könnte. Mich an meinen Begleiter wendend, fragte ich:»Welche Glückseligkeit hat sich hier niedergelassen?«

Er antwortete;»Jene, die in dieser Welt gewöhnlich sehr unglücklich ist. Denn da die Welt sich gegen die Guten empörte und sie aus ihren Grenzen vertrieb, hat die verbannte Religion ihre getreuesten Freunde um sich geschart und übers Meer geführt. Nachdem sie verschiedene Plätze untersucht hatten, wählten sie schließlich diese Insel, um sich hier mit ihren Anhängern niederzulassen. Dann erbauten sie diese Stadt, die wir Christianopolis nennen und wünschten, daß sie eine Wohnstätte oder - so Ihr wollt, ein Bollwerk der Wahrheit und Rechtschaffenheit sein sollte. Den Edelmut unserer Republik allen gegenüber, die sich in Not befinden, wirst Du bald erfahren.

Wenn Du die Stadt zu durchstreifen wünschst - es muß jedoch mit einem unbefangenen Auge, einer beherrschten Zunge und rechtem Verhalten geschehen - dann wird Dir das nicht abgeschlagen werden, und die Stadt wird Dir in allen Teilen offenstehen.«

Hierauf antwortete ich:»O glückselige Stunde, da ich, nachdem ich in Angst und Beben so viele Ungeheuerlich-

keiten anschauen mußte, nun das Vorrecht genieße, etwas wirklich Liebliches und Schönes zu sehen. Ich werde weder Bad noch Schermesser und Bürste scheuen, damit ich, gewaschen, geschoren und gereinigt, zu den reinen Orten der Güte und Wahrheit zugelassen werde. Denn wie unselig meine Fehler und Verirrungen gewesen sind, ist manchem seit langem bekannt.

O möge ich das sehen, was besser, wahrhafter, gewisser und beständiger ist, als alles, was die Welt wohl verspricht, aber niemals und nirgends hervorgebracht hat.«

Christianopolis, Kapitel III

II

DER URSPRUNG DER STADT CHRISTIANOPOLIS

Im ersten Kapitel über die neue Stadt Christianopolis, die aus der Wirklichkeit der westlichen Mysterienschule ersteht, haben wir erfahren, wie Johann Valentin Andreae nach Caphar Salama gelangt. Wir haben verstanden, daß dieses wunderbare Eiland eine esoterische Bezeichnung für die allgegenwärtige Weisheit und Liebe Gottes ist, die uns als Christuskraft durchglüht und danach durch Menschenhäupter, Menschenherzen und Menschenhände zu einem geistigen Brennpunkt in dieser Welt geworden ist.

So wie sich uns der Christusgeist nähert, uns sich nur nähern konnte durch den aus der Essener-Bruderschaft kommenden Meister Jesus – was Johann Valentin Andreae in der *Fama Fraternitatis R.C.* jauchzend ausrufen läßt: »Jesus ist mir alles!« – so nähert sich uns die aus Gott geborene Universelle Lehre ausschließlich durch die Christushierophanten.

Diese Universelle Lehre, die durch Gottes Gnade in Menschen als ein heiliger weißer Tempel strahlt, ist dadurch auch unser aller Eigentum geworden, und nichts kann den Neophyten daran hindern, den schönen Strand von Caphar Salama zu erreichen, wenn er die Reise in dem erforderlichen Zustand unternimmt, also völlig abgestimmt auf die

Geistordnung Jesu Christi, die unsere Naturordnung wie ein Schwert durchbohrt.

So gelangt der Schüler dann in das Kraftfeld der Mysterienschule, wenn auch erschöpft und in Todesnot, und hier wird er von dem Wächter des Heiligtums empfangen, der ihn einlädt, mit zur Stadt zu gehen.

Auf dem Weg dorthin wird der Schüler dann über den Ursprung der Stadt Christianopolis aufgeklärt und erfährt, auf welche Weise er nun, da er in das Kraftfeld aufgenommen ist, in die Stadt, den geistigen Brennpunkt, eintreten und sie in allen Einzelheiten untersuchen kann.

Wenn der Schüler sich der Stadt nähert, wird er tief berührt von der überwältigenden Schönheit und Majestät, die von diesem Ort ausstrahlt. Sich an seinen Führer wendend, ruft er aus: *Welche Glückseligkeit hat sich hier niedergelassen?*

Er erhält eine seltsam klingende Antwort: *Jene, die in dieser Welt gewöhnlich sehr unglücklich ist; denn da die Welt sich gegen die Guten empörte und sie aus ihren Grenzen vertrieb, hat die verbannte Religion ihre treuesten Freunde um sich geschart und über das Meer geführt. Nachdem sie verschiedene Plätze untersucht hatten, wählten sie schließlich diese Insel, um sich hier mit ihren Anhängern niederzulassen.*

Hier muß Ihnen klar werden, was im allgemeinen so wenig verstanden wird, nämlich, daß eine Mysterienschule aus Not und Negation geboren wird, daß es ein sprachlos machendes Glück ist, was hier von außen betrachtet aus dem grauen Unglück zum Vorschein kommt.

Wenn Sie in dieser Welt ein wahrhaftes Verlangen nach

Wahrheit, Güte und Gerechtigkeit besitzen, nicht als passives inneres Erleben, sondern als eine in Ihrer Lebenshaltung zum Ausdruck kommende Tat, dann entwickelt sich eine dreifache Kraft, die nicht verlorengehen kann und unmittelbar der gesamten Menschheit zugute kommt.

Sobald Sie es in dieser Welt mit dem Dreiecksfeuer der Güte, Wahrheit und Gerechtigkeit wagen und es als einen siebenarmigen Leuchter, als eine magische Kraft austragen, entstehen Leid und Verdruß in Ihrem Leben, entwickeln sich größter Widerstand und Verfolgung, kurz gesagt, es entsteht härteste Reaktion. Ein großes Unglück kommt über Ihr Leben, ein Los, das sich auf alle möglichen Weisen zur Geltung bringt, als ein graues Entsetzen, das an Ihren Nerven frißt und Ihr Herz brennen läßt, bis es nicht mehr kann.

Verstehen wir uns richtig! Dieser große Kummer betrifft nicht den Mißerfolg in geschäftlichen Dingen oder das Mißverstehen in Ihrer Familie, den Streit mit Ihrer Umwelt oder Ihre Arbeitslosigkeit. Es betrifft die geistigen, moralischen und stofflichen Leiden, die auftreten, wenn Sie das Schwert Christi gebrauchen, um die zerbrochene Wirklichkeit in seiner Kraft wiederherzustellen.

Aus diesem Unglück entsteht jedoch das größte Glück, dieser Arbeit entsteigt die geläuterte Erde. Denn die dynamisch gewordene Kraft des Guten, dieses vergossene Seelenblut, kann nicht verlorengehen, es wird nicht vergeblich vergossen. Es sammelt sich zu einer rosenroten Welle, die sich immer höher erhebt und einmal das Unheilige mit nicht aufzuhaltender Kraft vernichten wird. In der gesamten westlichen Magie wird dieser Prozeß für uns deutlich.

Es wird uns bewiesen, daß jedes Opfer eine Wirklichkeit ist. Die Mysterienschule versündigt sich nicht an der theologisch mystischen Naivität und predigt nicht: »Es kommt einmal ein Ende eurer Leiden, auch euren Lohn sollt Ihr einmal empfangen; im Himmel seid Ihr an der Reihe.«

Nein, Sie müssen dieses herrliche Glück, das Ihnen durch Caphar Salama zuteil werden kann, nicht als einen Wechsel auf die Ewigkeit sehen, sondern als eine direkte positive Kraft, die Sie unmittelbar erfahren können, mit der Sie mitten in der Todeswelt verbunden werden können, in einem unmittelbaren Erleben.

Die weißen Magier sind keine Zionswächter, wie die Theologen mit beißendem Spott genannt werden. Als Christian Rosenkreuz auf seiner symbolischen Reise nach Spanien kommt, bietet er allen seine Schätze an, seine Schätze der Güte, Wahrheit und Gerechtigkeit. Oft versucht er, seine liebevollen Absichten zu erreichen, aber als man ihn fortwährend abweist, richtet er seinen Blick nicht zum Himmel, wo man ihn schließlich verstehen wird, sondern er gründet mitten im feindlichen Land den Orden des Roten Rosenkreuzes als eine uneinnehmbare Zitadelle. Und von dort beginnt er seinen Kampf.

Man hat Ihnen von Simson mit seinen sieben goldenen Locken erzählt, von Simson mit seinen sieben goldenen Flammen, die als ein Dreiecksfeuer brennen. Er trägt dieses Feuer aus inmitten der Philister, mitten im feindlichen Land, um dort seine Liebe in das Unheilige zu verströmen. Dann wird er gefangengenommen und seiner Lichtkraft beraubt. Man hindert ihn daran, sein Werk zu vollenden.

Man sticht ihm die Augen aus. Man zwingt ihn, in der Tretmühle von Blut und Boden mitzulaufen. Aber dann erhebt er sich aus dem Pfuhl des Leidens, mit wiedergewonnener Kraft zerstört er die Pfeiler des Tempels der Ungerechtigkeit und vernichtet seine Gegner.

Daher werden, wenn die Welt sich gegen die Guten empört, sie wie Tiere jagt und in den Blutbunkern quält, alle wahrhaften Werte in das Kraftfeld der Christushierophanten aufgenommen.

Daher ist die Zeit, in der wir leben, vom geistigen Standpunkt aus gesehen, eine sehr große und bedeutende Zeit. Das Wüten des schwarzen Feindes treibt die in Christus entflammten Kräfte zum zentralen Kraftfeld Christianopolis. Darum spricht Andreae hier von einem Bollwerk, einer Zitadelle. Es ist ein Kraftfeld, ein Aufenthalt für alle, die sich in Not befinden.

Verfallen Sie nicht wieder in den Fehler, Caphar Salama als ein Asyl für Obdachlose anzusehen, als einen Ort, wo die Scherben Ihres sehnenden Verlangens sich zu unwirklichen Schatten zusammenfügen, sondern sehen Sie es als ein Kraftzentrum, uneinnehmbar und strahlend wie eine Sonne.

Wer das Meer überfahren hat, wie Johann Valentin Andreae, wird es früh genug erfahren. Wir haben die Aufgabe, Ihnen zu sagen, daß jeder fähig werden kann, in dieses Kraftzentrum aufgenommen zu werden und diese Stadt zu erforschen, daß jeder in die Lage versetzt werden kann, wahrhaft geistige Untersuchungen in Christianopolis durchzuführen.

Jeder wird innerhalb der weißen Mauern dieser magi-

schen Ordnung unter einer dreifachen Bedingung zugelassen:
1. muß er mit einem unbefangenen Auge kommen,
2. mit einer beherrschten Zunge und
3. mit rechtem Verhalten.

Stellen Sie sich vor, wir wären in der Lage, Ihnen das Heiligste, Schönste und Wertvollste zu zeigen und würden dann zu Ihnen sagen: »Sie können eintreten mit einem unbefangenen Auge, einer beherrschten Zunge und dem rechten Verhalten«. Sie würden antworten:

»Natürlich, das ist selbstverständlich. Ich habe eine gute Erziehung; ich habe gelernt, meine Blicke zu beherrschen, und ich bin in der Lage, auch wenn ich innerlich vor Wut koche, ein lächelndes Gesicht zu zeigen. Ich habe gelernt, meine Zunge im Zaum zu halten. Das hat mir mein Vater beigebracht, der war Kaufmann. Meine Haltung ist außergewöhnlich angepaßt. Ich sehe gepflegt aus, kann mich bescheiden geben, und meine Mutter sagte schon, ehe ich drei Jahre alt war, daß ich stets auf meine Worte achten müsse. Ihre dreifache Bedingung ist also außerordentlich leicht für mich. Ich kann sie gut erfüllen. Sie müssen es den Menschen nicht so einfach machen. Verlangen Sie ein hohes Eintrittsgeld. Dann kommt nicht Hinz und Kunz, und Sie bekommen ein äußerst gebildetes Publikum, das Auge, Zunge und Haltung vom Mutterschoß an sehr kultiviert hat.«

Sie verstehen sicher, daß das Unsinn ist. Es ist der Sumpf der Unwahrhaftigkeit, der in unserer Welt zur Krone der Bildung geworden ist. Mit dieser Unwahrhaftigkeit können Sie das Heiligtum nicht betreten! Man kann sich in die

Mysterienschule nicht hineinlügen, und die Kulturwerte, die Sie erworben haben, zählen in Christianopolis nicht. Daher kommt Johann Valentin Andreae im Hemd in Caphar Salama an, dem einzigen ihm verbliebenen Kleidungsstück.

Ein unbefangenes Auge, eine beherrschte Zunge, rechtes Verhalten – diese dreifache Bedingung ist sehr schwer zu erfüllen.

Besitzen Sie ein unbefangenes Auge? Sie können es nicht besitzen, solange Sie sich noch selbst behaupten wollen. Wer nähert sich Gottes Heiligkeit völlig offen und ohne Vorurteil? Kommen die meisten nicht, um Übereinstimmung zu finden mit ihren Ideen, mit ihrer Auffassung? Und werden Sie nicht sehr kritisch, wenn Ihre Erfahrung nicht mit Ihrer Auffassung übereinstimmt? Fallen Sie den Arbeitern in Gottes Weingarten nicht täglich lästig mit Ihrer Selbstbehauptung?

Ein unbefangenes, also kritikloses Auge kann sich nur aus Seelenqualität entwickeln. Wenn Sie keine Seelenqualität besitzen, keine in Christus geborene Charakterkraft, dann ist Ihr Auge verdunkelt und kann nicht unbefangen sein, denn der Mensch, der nicht geläutert ist durch Charakterkraft, wird von vielen Trieben und Leidenschaften beherrscht. Daher kann es sein, daß Sie in Augen voller höllischer Leidenschaft blicken. Es kann auch sein, daß Sie schaudern vor der kalten Gefühllosigkeit, die Ihnen aus den Augen eines Menschen entgegenstrahlt. Es kann auch sein, daß Augen erloschen oder verfärbt sind von perversen Trieben oder den harten Glanz intellektuellen Irrsinns zeigen. Alle diese Augen können nicht unbefangen sein.

Ihre Augen verändern sich, wenn wahre Menschenliebe aus einem inneren Besitz aufsteigt. Ihre Augen verändern sich, wenn Sie solche Liebe haben für die beschmutzten und getrübten Augen, daß Sie sich vor sie stellen, um ihre Blindheit zu heilen, um sie in Gottes Sonnenschein zu führen.

Dann werden Sie auch das Bedürfnis haben, eine beherrschte Zunge zu besitzen. Die Zunge ist zusammen mit dem Kehlkopfsystem das Organ, mit dessen Hilfe der Mensch artikulierte Laute hervorbringt und wodurch die menschliche Sprache entsteht.

Aber achten Sie darauf, daß die Zunge dadurch ein magisches Instrument ist, mit dessen Hilfe Sie jenen, welche von Ihren Augen berührt und umfangen werden, Ihre Absichten erklären können.

Wenn Sie den magischen Blick der Liebe besitzen, können Sie auch das magische Instrument der Sprache gebrauchen, und es ist sicher, daß die Wächter des Heiligtums Ihnen die Menschen zuführen, die mit Ihrem unbefangenen Auge und Ihrer beherrschten Zunge erreicht werden können.

Wenn Sie das Wort Gottes sprechen, vielleicht in wohlgewählten Worten und in glänzendem Vortrag, aber mit einer ungeläuterten, ungereinigten Zunge, dann bleibt Ihr Wort kraftlos. Dann üben Sie Verrat. Sie sprechen dann nicht das erlösende Wort, sondern das Wort, das Ihre Selbstbehauptung unterstützt. Sie prostituieren das Heilige, um Ihre Unheiligkeit zu entwickeln und zu bewahren.

So ist es möglich, daß zwei Menschen die gleichen Worte sprechen und die eine Zunge vom Erlösungsweg und die andere von einem tiefen Fall zeugt. So gebrauchen die

Eigenwilligen in dieser Welt den heiligen Namen Gottes, um zu erreichen, was sie – beachten Sie diesen Ausdruck – im Auge haben.

Der Mensch, der das unbefangene Auge und die beherrschte Zunge besitzt, kann auch die angemessene Haltung entwickeln. Das Auge sucht das Verlorene, um es aufzurichten, sowie die Kraft und die Weisheit, um dieses Erlösungswerk zustande zu bringen. Die Zunge will durch eine innere Kraft zeugen von dem, was dem ewigen Frieden dient. Aus diesem innigen Verlangen des Auges und der Zunge, stets dynamischer dem Licht dienen zu können, ergibt sich völlig zwanglos, absolut unforciert, das rechte Verhalten.

Das ist kein Selbstzwang, kein Zügeln des Ich-Triebes, auch keine Zwangsjacke der Kultur und Bildung, sondern ein sich in vollkommener Selbstverleugnung völlig ungezwungenes Richten nach dem, wonach Herz und Seele verlangen.

Ein unbefangenes Auge, eine beherrschte Zunge, rechte Haltung – erst wenn der Schüler diese dreifache Forderung erfüllt, kann er Christianopolis betreten und kann ihm das Vorrecht nicht genommen werden, den Urquell der Mysterien in allen Einzelheiten anzuschauen.

Darum sagen wir Ihnen, wenn Sie diesen Weg gehen, werden Sie einmal mit unabweisbarer Sicherheit die Konturen dieser heiligen Stadt vor sich sehen und mit Johann Valentin Andreae sprechen:

O glückselige Stunde, da ich, nachdem ich in Angst und Beben so viele Ungeheuerlichkeiten anschauen mußte, nun das Vorrecht genieße, etwas wirklich Liebliches und Schö-

nes zu sehen. Ich werde weder Bad noch Schermesser und Bürste scheuen, damit ich, gewaschen, geschoren und gereinigt, zu den reinen Orten der Güte und Wahrkeit zugelassen werde.

So werden jene, die diesen Ruf vernehmen, sich in dem lebenden Wasser Christi, unseres Herrn, baden, sich läutern mit dem härtesten Stahl der dynamischen Kräfte und ihr Gewand vollkommen reinigen mit den Kräften des evangelischen Gesetzes, damit sie vom Wächter der Stadt Christianopolis mit einem frohen Willkommensgruß empfangen werden.

ERSTE PRÜFUNG DER LEBENSAUFFASSUNG UND DES SITTLICHEN VERHALTENS DES FREMDLINGS

Als wir uns der östlichen Pforte genähert hatten, stellte mich mein Gefährte der Aufsicht der Tageswache vor. Diese begrüßte mich höflich und fragte, was ich begehre. »Sehr viel«, sagte ich, »denn vor Dir steht ein von Land und Meer Ausgestoßener. Da ich hier Gott selbst begegnet zu sein scheine, wie sollte ich da nicht alles das wünschen, was mir in meinem ganzen Leben gefehlt hat?«
Der Wachhabende lächelte und wies mich freundlich darauf hin, daß ich, da dieses Eiland nichts Ungehöriges dulde, zusehen solle, daß ich nicht zu denen gehörte, welche die Bürger nicht bei sich duldeten und die sie dorthin zurückschickten, woher sie gekommen wären, nämlich Bettler, Quacksalber, Gaukler und Tagediebe, Menschen, die sich überall einmischen und unnötig mit allerlei Absonderlichkeiten beschäftigen; Fanatiker, denen es an wahrer Frömmigkeit fehlt; Giftmischer, welche die Wissenschaft der Alchimie schänden; Betrüger, die sich fälschlich Brüder des Rosenkreuzes nennen und andere, welche die Wissenschaft und die wahre Kultur besudeln, denen der Besuch dieser Stadt schlecht bekommen würde.
Nachdem ich mich durch das Zeugnis meines tiefsten Wissens von allem Verdacht gereinigt und mich mit vielen Worten verpflichtet hatte, all meine Kräfte in den Dienst

der Wahrheit und der Gerechtigkeit zu stellen, sagte er: »So gibt es keinen Grund mehr, weshalb Du nicht nur unseren Besitz genießen solltest, sondern auch, was noch wichtiger ist, uns selbst.«

Damit nahm er mich bei der Hand, brachte mich in das Haus eines der Wächter, das nicht weit entfernt war, und erquickte mich mit köstlichen Speisen und Getränken.

Christianopolis, Kapitel IV

III

ERSTE PRÜFUNG DER LEBENSAUFFASSUNG UND DES SITTLICHEN VERHALTENS DES NEOPHYTEN

Der Schüler, der die Stadt der Mysterien, Christianopolis, betreten will, kann sich ihr nur durch das Osttor nähern. Bevor er mit Jubel und offenen Armen empfangen wird, muß er sich einer dreifachen Prüfung unterziehen. Sollte das Resultat dieser Untersuchung unbefriedigend sein, würde er unvermeidlich zurückgewiesen.

Obwohl die Korrektheit und Höflichkeit, mit der jeder in der Mysterienschule behandelt wird, auch hohen Ansprüchen genügen dürften, so wird doch jedem Kandidaten gegenüber ausnahmslos große Zurückhaltung gewahrt, das müssen Sie gut beachten.

Im Lauf der Jahrhunderte sind die Hierophanten der Mysterien durch Schaden und Schande, durch Leiden und Verdruß klug geworden. Sie nehmen kein einziges Risiko auf sich. Das große Selbstopfer im Dienst Christi, das von den Brüdern des Rosenkreuzes gebracht wird, ihre Liebestat und ihr unpersönliches Streben werden nicht nach der Methode der blinden Göttin Fortuna bewiesen, sondern jeder kleinste Lichtstrahl wird sehr intelligent und wirksam angewendet.

Meinen Sie nicht, daß man sich in der Mysterienschule durch ein mystisches Gesicht mit oder ohne Tränen, durch gefaltete Hände, leidenschaftlich gesprochene Gelübde und fromme Sprüche betrügen läßt. Zuerst steht man in der Mysterienschule wie vor einem Felsen, wie vor einer stahlharten hohen Mauer und wird auch nicht mit Bibeltexten aufgemuntert. Sie können diese Mauer nur durchbrechen, wenn Sie den mosaischen Stab besitzen. Erst dann können Sie den Felsen spalten, so daß das Lebenswasser hervorquillt.

Vielleicht kommen Sie sich durchaus annehmbar vor, aber in der Praxis sieht es oft ganz anders aus. Viel Verdruß und viele Mühseligkeiten, viel vergeudete Energie und auch viele Prüfungen ließen sich ersparen, wenn jeder die Gesetze der Mysterienschule kennen würde.

Über diese Gesetze wollen wir nun berichten. Lassen Sie uns aber zunächst eine Arbeitsmethode des Rosenkreuzes erklären. Von der Mysterienschule werden Arbeiter in alle Erdteile ausgesandt, die mitten in der Natur des Todes ihre rufende Stimme erheben und ihre Aktionen mehr oder weniger erfolgreich durchführen. Das ist keine leichte Arbeit; denn diese Arbeiter haben viele Konkurrenten, die genauso arbeiten wie sie, jedoch mit völlig anderen Absichten.

Man könnte sehr gut die echten von den unechten Arbeitern unterscheiden. Aber wer besitzt ein ausreichendes Unterscheidungsvermögen? Und wer will sich dafür die Zeit nehmen? Man ist im allgemeinen geneigt, denen zuzuhören, die einen Weg weisen, der den primitiven Lebenswerten unserer Zeit entspricht. Daher ist es leichter über die Arbeit der Vorposten des Rosenkreuzes zu theoretisieren, als sie in die Praxis umzusetzen. Es ist eine Arbeit, die viel Verdruß bringt.

Das Ziel der Arbeit ist jedoch durchaus klar. Wenn es den Arbeitern gelingt, Interesse zu wecken und einige Interessenten an sich zu ziehen, dann ist ihre Arbeit noch nicht beendet, sondern dann beginnt sie erst. Die Interessenten sind nämlich nicht alle von gleicher Qualität und haben nicht alle die gleichen Motive.

Der Arbeiter muß nun versuchen, seine Neophyten zur östlichen Pforte der Mysterienschule zu drängen. Auf dem Weg dorthin macht er sie mit der dreifachen Bedingung bekannt, die im vorigen Kapitel erklärt wurde: der Besitz des unbefangenen Auges, der beherrschten Zunge und der rechten Haltung.

Wenn der Lehrer diese dreifache Bedingung bekanntgibt, dann ist die Antwort: »Aber natürlich!« Aber Sie lügen. Sie lügen, bewußt oder aus Enthusiasmus, denn Sie haben kein unbefangenes Auge. Aus Ihrem Auge strahlt die Qualität Ihrer Begierdennatur. Sie haben auch keine beherrschte Zunge. Ihre Zunge zeugt von Ihrer Selbstbehauptung, und daher ist auch die Haltung höchst unangepaßt.

Wenn wir das bewußte Lügen vorläufig einmal außer acht lassen, muß es Ihnen doch klar sein, daß Sie mit einer Hurrastimmung im Leben nicht weit kommen und erst recht keinen Millimeter in einer Geistesschule. Es muß Ihnen klar sein, daß die Reinigung Ihrer Persönlichkeit in stofflicher, moralischer und geistiger Hinsicht ein Prozeß ist, den man nicht in vierzehn Tagen zustande bringen kann und dessen Gelingen sehr davon abhängt, wie Sie den Prozeß beginnen.

Wenn Sie wirklich einmal ein unbefangenes Auge, eine beherrschte Zunge und rechte Haltung besitzen wollen, dann müssen Sie von einer richtigen Lebensauffassung, von einem rechten sittlichen Verhalten ausgehen. Was damit in der Philosophie des Rosenkreuzes gemeint ist, wollen wir Ihnen erklären.

Sie müssen beachten, daß der Eintritt *durch die östliche Pforte* eine neue Geburt betrifft. Jeder Geburt geht eine Entwicklung voraus. Der Prozeß beginnt, als Johann Valentin Andreae ein Schiff besteigt, das in der Flagge das Zeichen Krebs führt, das Symbol des Kreuzesfußes. Allein durch das Annehmen des Kreuzes mit allen Konsequenzen ist es möglich, durch die östliche Pforte, den Geburtsaszendenten, einzutreten.

Die Art und Weise, wie Sie das Kreuz annehmen, das Maß Ihres Wissens, was Jesus Christus in Ihrem Leben bedeutet, bestimmt, ob Sie vom Torwächter mit Freude empfangen oder zurückgesandt werden. Sie brauchen nicht zu versuchen, den Wächter zu passieren, wenn Sie zu denen gehören, welche die Brüder des Rosenkreuzes nicht bei sich dulden. Der Erfolg dieses Bemühens wird gleich Null sein.

Es gibt Zahllose, die ohne das Zeichen Krebs in ihrem Blut versuchen, die östliche Pforte zu passieren. Johann Valentin Andreae nennt sie beim Namen:

Es sind die Bettler, Quacksalber, Gaukler und Tagediebe; Menschen, die sich überall einmischen und unnötig mit allerlei Absonderlichkeiten beschäftigen; Fanatiker, denen es an wahrer Frömmigkeit fehlt; Giftmischer, welche die Wissenschaft der Alchimie schänden; Betrüger, die sich fälschlich Brüder des Rosenkreuzes nennen und andere, welche die Wissenschaft und die wahre Kultur besudeln.

Beim Lesen dieser Liste werden Sie sehr schnell geneigt

sein zu denken; »Ja, diese Menschen kenne ich.« Wir kennen sie auch, und wir werden Ihnen ihre Eigenschaften beschreiben.

Da sind die Bettler. Das sind die Menschen, die sich, in moralische und geistige Lumpen gehüllt und stinkend vor Schmutz, an der östlichen Pforte melden. Es sind die Menschen, die sich noch nie die geringste Mühe gegeben haben, sich moralisch und geistig zu erneuern, und die nun kommen und um Hilfe bitten. Wir meinen hier nicht die Armen unserer Gesellschaft, die von unserer Zivilisation Ausgestoßenen. Wir meinen jene, die das Gesetz ihres Menschseins mit Füßen treten, die ohne jede Seelenqualität, ohne die geringste Opferbereitschaft, ohne ein bißchen Menschenliebe um Unterstützung zur Instandhaltung Ihrer Verdorbenheit bitten.

Es sind die Blutsauger, die aus eigener Seelenarmut am Seelenblut anderer parasitieren. Wenn sie ihre Opfer, die sich aus Mitleid und Opferbereitschaft gebrauchen lassen, ausgesogen haben, zeigen sie mit ihrem gestohlenen Gut für einige Zeit einen Schein der Freude, des Gleichgewichts, einen Schein christlicher Glaubenssicherheit. Aber sobald das gestohlene Gut verzehrt ist und der große Hunger sich wieder meldet, kommen sie zurück: »Ich fühle mich wieder so elend, so leer. Darf ich nicht wieder zu Ihnen kommen und reden und meine Saugnäpfe an Ihr geistiges Herz setzen? Ich denke, Sie können mir helfen!«

Kennen Sie diese Bettler, die kraft eines Naturgesetzes immer hungriger, immer gefährlicher werden? Kennen Sie diese Vampire? Die Mysterienschule weist sie an der östlichen Pforte ab. Mit einer strahlenden, aber unverstandenen Liebe werden sie immer wieder fortgejagt, damit sie sich im wirklichen Leben mit seinen unabweisbaren Forderungen festlaufen, damit sie in der Kraft Christi das goldene Saatkorn in das eigene Wesen säen als ein Lösegeld für viele.

Die Brüder des Rosenkreuzes sind zwar zu einem vollkommenen und absoluten Selbstopfer bereit, aber sie sind nicht töricht! Durch ihre Gaben werden diese Parasiten nicht zu Menschen. Ein Bettler bleibt ein Bettler so lange, bis er mit einem Schrei in seinem Lumpengrab untergeht. Das ist das Gesetz des Christentums.

Und da sind die Quacksalber. Sie wissen, ein Quacksalber ist ein Kurpfuscher. Im Sinn Johann Valentin Andreaes sind hier die Menschen gemeint, die mit Pseudo-Heilmethoden unserer armen, kranken Welt helfen wollen. Es sind Menschen, die alle Wege gehen wollen, die bereit sind, alle Schiffe zu besteigen, außer denen, die das Zeichen Krebs in der Flagge führen. Es sind die Menschen mit eigenwilliger Religiosität und eigenwilligen Methoden, die das Kreuz als Torheit empfinden. Es sind die Menschen, welche die Entartung überbrücken wollen, ohne sie selbst anzugreifen. Es sind die Menschen, die heilen wollen ohne das eine vollkommene Heilmittel, ohne die Panazee für den tiefsten Schmerz der Menschheit.

Ein solcher Quacksalber kann sehr human, sehr berührt sein vom Los seiner Mitmenschen. Er kann sich auch eifrig humanistisch betätigen. Aber ein solcher Mensch kann niemals ein Magier sein. Ein Magier läutert den Menschen mit den sich in dieser Welt feindlich gegenüber stehenden Elementen Feuer und Wasser. Es ist das Feuer des Heiligen

Geistes und das Lebens-Wasser des Christus. Darum wird der Quacksalber an der östlichen Pforte abgewiesen.

Und dann kommen die Gaukler mit großen Gebärden. Wären sie nur Bettler, die den Hunger ihres Nichts in den Zellen ihres Wesens nagen fühlen! Wären sie nur Quacksalber, die doch wenigstens auf die eine oder andere Weise Arbeit leisten! Aber sie sind weder Bettler noch Quacksalber. Sie sind Nichts. Sie sind nur Schein, Schatten-Menschen, hoffnungslose Tölpel. Wären sie nur Verräter und Streiter der schwarzen Horde, dann würden sie wenigstens noch eine gewisse Positivität beweisen! Aber es sind jene, von denen der Seher von Patmos sagt: »Weil ihr weder heiß noch kalt seid, werde ich euch ausspeien aus meinem Munde!«

Es sind die Menschen, denen es auf irgendeine Weise gelingt, andere im großen Produktionsprozeß dieser Welt arbeiten zu lassen, und die nun von dieser Arbeit schmarotzen. Es sind die Frauen, die mondän gekleidet, zwischen teuren Möbeln, bei Kuchen und Konfekt klatschen und lästern, Bridge spielen, einen Ehemann mit viel Geld besitzen, Eheprostitution in ihren Villen treiben und sich auch etwas okkultistisch betätigen. Es geht darum, daß Sie erkennen, was mit diesen Gauklern gemeint ist und weshalb solche Menschen nicht durch die östliche Pforte eintreten können.

Und dann gibt es die Menschen, die sich unnötig mit allerlei Absonderlichem befassen, mit Unwichtigem und Unwesentlichem. Es sind Menschen, die Entwicklungsprozesse durch ihr spezielles Hobby stören, die aus Mangel an Kenntnis des einzig Notwendigen alle ihre Energie für Dinge einsetzen, die sie wichtig finden. Es sind jene, die sich um alles kümmern - außer um sich selbst. Ihre Energie wird aktiviert, wenn sie entdecken, daß andere irgendwie scheitern. Der Splitter in den Augen der anderen steht jedoch in keinem Verhältnis zu dem Balken in ihrem eigenen Auge.

Die Reihe der Gestalten, die sich an der östlichen Pforte drängen, ist fast endlos. Da sind die Schwärmer, denen es an wahrer Frömmigkeit fehlt. Sie kennen doch die Menschen, die mit verdrehten, glühenden Augen von der Philosophie des Rosenkreuzes schwärmen, die stets ohne nur eine Spur Frömmigkeit und wahrer Hingabe über die herrliche Lehre reden? Sie kennen doch jene, die Menschen zum Gegenstand ihrer Schwärmerei machen? Sie werden auch die Menschen kennen, die in der heiligsten Stille ihre krächzenden Stimmen erheben und die serene Sphäre zerreißen mit ihren Schwärmereien? Wie viele Männer und Frauen werden durch die Schwärmerei entstellt!

Wahre Frömmigkeit kennt die Stille. Wahre Frömmigkeit kennt die Bescheidenheit. Wahre Frömmigkeit kennt sich selbst. Schwärmerei ist jedoch Sexualität, unbefriedigtes Liebesverlangen. Sie müssen wissen, daß Frömmigkeit Liebeserleben ist und an sich selbst genug hat.

Wenn wir die trostlose Gruppe betrachten, die Andreae uns schildert, dann wissen wir, daß auch Giftmischer dabei sind, welche die wahre Alchimie, das ist das Befreien und Bewußtmachen aller latenten Vermögen, zugrunde richten.

Außerdem gibt es noch andere Betrüger, die sich fälschlich als Rosenkreuzer bezeichnen.

Wir wissen auch, daß es eine unabsehbare Menge Menschen gibt, die mit ihren perfiden Praktiken die Wissenschaft und die Kultur besudeln.

Wir wissen so sicher, wie wir uns dessen bewußt sind zu leben, daß keiner dieser Menschen eine Wiedergeburt in dem völlig veränderndem Zustand der Mysterienschule, der heiligen Stadt Christianopolis, erleben kann.

Nur wer sich durch eine klar bewiesene neue Lebensauffassung und sittliches Verhalten von dieser Negativität befreit hat, kann sich aus der Geburtsgrotte der östlichen Pforte als ein Kind der Regeneration erheben; kann sich erheben wie ein Kind, zwar noch nicht vollkommen, zwar noch sehr schwach, jedoch als ein neues Geistwesen, in dem alle Voraussetzungen zum Wachstum vorhanden sind.

Wenn sich der Schüler so vorbereitet, wird er vom Wächter des Heiligtums mit Freude empfangen. Er spricht zu ihm: *So gibt es keinen Grund mehr, weshalb Du nicht nur unseren Besitz genießen solltest, sondern auch, was noch wichtiger ist, uns selbst.*

Damit nimmt er den Neophyten bei der Hand, bringt ihn in das Haus eines Wächters und erquickt ihn mit köstlichen Speisen und Getränken, die ewigen seligen Frieden in sein Herz einziehen lassen.

ZWEITE PRÜFUNG: DIE UNTERSUCHUNG DER PERSÖNLICHKEIT DES FREMDLINGS

Nachdem ich mit anderer, zwar nicht kostbarer, jedoch bequemer und gutsitzender Kleidung versehen worden war, übergab er mich einigen Begleitern, die mich zu einem zweiten Prüfer führten. Dieser Mann schien gleichsam dazu geboren, die innersten, intimsten Gedanken zu erforschen. Sehr höflich beantwortete er meinen Gruß und stellte mir auf freundliche Weise Fragen, während er jedoch sorgfältig mein Gesicht und meine Haltung beobachtete. Mehr lächelnd als ernst erkundigte er sich beiläufig nach meinem Vaterland, meinem Alter und meiner Lebensweise.

Nachdem wir einige Höflichkeiten ausgetauscht hatten, sagte er: »*Mein Freund, Du bist ohne Zweifel durch Gottes Fügung hierher gekommen, um zu lernen, daß es keineswegs notwendig ist, stets Böses zu tun und nach der Art der Barbaren zu leben. Wir werden Dir das heute noch beweisen, so wie wir es einmal alle Menschen erkennen lassen werden.*

Wir werden es mit umso größerer Freude tun, da weder die Natur noch der Himmel gegen Dich sind und Du durch beider Gunst diesen Ort der Freiheit betreten hast. Wenn Du wirklich von Gott geführt wirst, so daß Du frei bist von niederen Begierden, dann zweifeln wir nicht daran, daß Du bereits einer der Unseren bist und es auch ewig bleiben wirst.«

Während er sprach, achtete er, wie es schien, so gründlich auf die Ruhe meines Wesens, den Ausdruck meines Gesichts, die Gewissenhaftigkeit meiner Worte, den ruhigen Blick meiner Augen, ja auf mein ganzes Verhalten, daß ich glaubte, er könnte meine tiefsten Gedanken erraten. Er tat es jedoch so liebenswürdig und mit einer solchen Hochachtung, daß ich ihm nichts verbergen konnte und das Gefühl hatte, ihm alles anvertrauen zu können.

Nachdem meine Seele also bloßgelegt war, brachte er zum Schluß die Wissenschaft zur Sprache und sagte: »Mein Freund, Du wirst es entschuldigen, daß ich mich auf eine solche ungelehrte Weise mit Dir unterhalten habe. Aber sei guten Mutes, denn in unserer Gemeinschaft wirst Du genug Menschen finden, die in Wissenschaft und Kultur gründlich gebildet sind.« Gleichzeitig gab er einem Diener den Auftrag, mich zu einem dritten Prüfer zu begleiten. Danach gab er mir zum Abschied die Hand und legte mir ans Herz, voll Vertrauen zu sein. Ich aber dachte bei mir: «Der Himmel stehe mir bei! Wenn man das eine unwissenschaftliche Unterhaltung nennt, was habe ich dann noch zu erwarten?«

Christianopolis, Kapitel V

IV

DIE UNTERSUCHUNG DER PERSÖNLICHKEIT DES NEOPHYTEN

Es wurde den Schülern des Rosenkreuzes schon öfter erklärt, daß sich die Mysterienschule innerhalb eines Kraftfeldes befindet. Das Kraftfeld ist so groß wie die Mysterienschule stark ist, und der Aktionsradius des Rosenkreuzes nimmt also zu, je mehr geeignete Arbeiter zum Kern der Mysterien zugelassen werden können.

Wenn ein Mensch im Getriebe des weltlichen Lebens keine Befriedigung mehr findet und die exoterische Religiosität, Wissenschaft und Kunst keinen Anreiz mehr für ihn besitzen, ihm inmitten der grausamen Heimsuchungen seiner irdischen Gebundenheit keinen Trost mehr geben können, wenn er so weit kommt, daß er gleichsam von einem verzweifelten Verlangen, einem tiefen Heimweh nach wirklichem Leben verzehrt wird, daß er wirklich sucht mit aller Kraft, die in ihm ist, dann ist es sicher, daß das Kraftfeld der Mysterienschule ihn berührt.

Dieser Mensch wird sich, sei es vielleicht auch nur traumhaft, einer ganz neuen Lebenswirklichkeit bewußt. Ein kleiner Lichtstrahl bohrt sich durch die rabenschwarze Nacht seines Daseins und trifft sein Herz, verbindet sich mit seinem Wesen und zieht ihn fort zu einem noch unbekannten Ziel.

Von diesem Augenblick an wird sein Leben sehr sonderbar, und sein Weg scheint recht seltsam. Das Licht, das ihn getroffen hat, treibt ihn durch die heftig bewegten Wellen der Lebenssee.

Es ist sehr gut möglich, darin zu ertrinken. Wenn dieser Mensch jedoch das Zeichen Krebs an der Spitze seines Mastes führt, das heißt, wenn er sich an den Fuß des Kreuzes stellt und sich mit dem Herzblut unseres Herrn Christus Jesus verbindet und bereit ist, seinem Befehl zu folgen, der lautet: »Gehe hin und verkaufe alles, was du hast, und folge mir nach«, dann ist es gewiß, daß er Caphar Salama erreicht, daß er zum äußersten Ring des Kerns der Mysterienschule durchdringt.

Dort wird er von dem Wächter des Heiligtums empfangen, und es beginnt eine vielfache Prüfung seiner Eignung, denn nur die Würdigen können angesichts des hohen Zieles der Mysterien zugelassen werden. Auf dem Weg zur östlichen Pforte der Stadt Christianopolis – eine östliche Pforte, ein Aszendent, weil das Betreten der heiligen Stadt als eine neue Geburt in der leuchtenden Klarheit einer neuen Gottesrealität gesehen werden muß – erklärt ihm der Hierophant, daß niemand eintreten kann, der nicht ein unbefangenes Auge, eine beherrschte Zunge und eine rechte Haltung besitzt. Wir haben bereits im vorigen Kapitel dargelegt, was das bedeutet.

Wenn der Kandidat an der östlichen Pforte angekommen ist, wird er vom Torwächter empfangen, der ihn vor dem Einlaß nach seiner Lebensauffassung und seinem sittlichen Verhalten befragt. Auch hierüber haben wir geschrieben und erkannt, daß es hier um eine sehr ernste Prüfung geht, die jeden Neophyten mit großer Unruhe erfüllen muß.

Johann Valentin Andreae entwickelt hier die gleiche Idee

wie in seinem Werk *Die alchimische Hochzeit.* Als Christian Rosenkreuz die Einladung zur Hochzeit erhält, auf die er so sehr und so lange gewartet hat, entdeckt er, als er von der Art der Einladung Kenntnis nimmt, daß es sich hier nicht um einen fröhlichen, frohen Gang handelt, sondern daß er zum Urteil gerufen wird.

Nachdem die erste Untersuchung befriedigend verlaufen ist, wird der Kandidat durch die Pforte eingelassen und zu einem Haus geführt, wo man ihm Speise und Trank anbietet. Sein Lebenshunger wird etwas gestillt, und man verschafft ihm neue, nicht auffallende, aber bequeme und prächtig sitzende Kleider.

Wahrscheinlich werden Sie diese verschleierte Sprache verstehen. Unsere Körper bilden das Gewand des Geistes. Meistens ist dieses Gewand durch das Übertreten der Lebensgesetze sehr unvollkommen, unästhetisch und beschädigt. Wenn jedoch das östliche Tor des Kraftfeldes geöffnet wird, werden Sie mit anderer Kleidung versehen, die völlig übereinstimmt mit den Möglichkeiten, die Sie in sich selbst entwickelt haben.

Diese Kleidung wird Sie nicht beengen wie eine Zwangsjacke, sondern Ihnen eine größere Freiheit schenken. Und beachten Sie, diese Kleidung ist keineswegs auffallend und nicht etwa das Resultat eines esoterischen Schönheitsinstituts.

Wenn der Kandidat so weit gekommen ist, beginnt die zweite Untersuchung. Der Schüler wird zum nächsten Prüfer gebracht. Andreae sagt von ihm:

Dieser Mann schien gleichsam dazu geboren, die innersten, intimsten Gedanken zu erforschen. Sehr höflich beantwortete er meinen Gruß und stellte mir auf freundliche Weise verschiedene Fragen, während er jedoch sorgfältig mein Gesicht und meine Haltung beobachtete. Mehr lächelnd als ernst erkundigte er sich beiläufig nach meinem Vaterland, meinem Alter und meiner Lebensweise.

Sehr simpel, finden Sie nicht auch? Etwa wie: »Darf ich Ihren Paß einmal sehen?« Aber so einfältig, wie sie im ersten Augenblick scheinen, sind diese Fragen nicht.

In welchem Land sind Sie geboren? Stellen Sie sich vor, daß diese Frage auf der Schwelle der Stadt Christianopolis an Sie gestellt wird. Dann werden Sie verstehen, daß Sie aufgefordert werden zu erklären, von welcher Grundlage aus Sie die Reise zum Kraftfeld der Mysterienschule begonnen haben.

Man kann auf diese Frage z.B. antworten: »Ich habe auf eine Anzeige reagiert und im Lauf der Zeit festgestellt, daß die westliche Weisheitslehre außergewöhnlichen Inhalt besitzt.«

Aber nur sehr wenige werden als ihr Geburtsland ein intensives, leidenschaftliches Verlangen nach Licht angeben, eine schmerzliche Bitte um Kraft, um zerschlagenen Menschenseelen in ihrer tiefen Not beistehen zu können.

Wie alt sind Sie? Wie lange haben Sie gelebt in dem, was des Vaters ist? Wieviel Zeit haben Sie verwendet, um das Königreich Gottes in dieser Welt zu befestigen? Denn achten Sie darauf, Ihr eigentliches Leben als Kind aus Gottes Geschlecht beginnt erst dann, wenn Sie Ihre innere Berufung verstehen und erleben. Wieviel Zeit erübrigen Sie für das, was ewig ist? Haben Sie in diesem Sinn bereits einige Jahre gelebt? Wenn Sie noch kein Lebensalter in dieser neuen Ordnung haben, was wollen Sie dann in Christianopolis?

Wie ist Ihre Lebensweise nach der alten und der neuen Form? Verstehen Sie, daß diese Frage einen sehr tiefen Sinn hat, daß Ihre Antwort darauf von großer Wichtigkeit ist, daß der Prüfende während der Beantwortung dieser Fragen deshalb mit größter Aufmerksamkeit Ihre Haltung und Gesichtszüge beobachtet? Darum spricht der Hierophant zum Schüler:

Mein Freund, Du bist ohne Zweifel durch Gottes Fügung hierher gekommen, um zu lernen, daß es keineswegs notwendig ist, stets Böses zu tun und nach der Art der Barbaren zu leben. Wir werden Dir das heute noch beweisen, so wie wir es einmal alle Menschen erkennen lassen werden.

Wir werden es mit umso größerer Freude tun, da weder die Natur noch der Himmel gegen Dich sind und Du durch beider Gunst diesen Ort der Freiheit betreten hast. Wenn Du wirklich von Gott geführt wirst, so daß Du frei bist von niederen Begierden, dann zweifeln wir nicht daran, daß Du bereits einer der Unseren bist und es auch ewig bleiben wirst.

Viele, die sich dem Rosenkreuz mit wahrhaftiger Offenheit des Geistes und Herzens nähern, sind sehr unruhig. Sie fühlen und erkennen die Gespaltenheit in ihrem Leben. Sie wissen, daß die Zahl ihrer Lebensjahre im magischen Sinn noch sehr, sehr gering ist, während sie im weltlichen Sinn sehr alt sind. Als Gerufene des Herrn liegen sie in ihrer Krippe und stoßen unzusammenhängende Laute aus. Nach den Maßstäben der Barbaren sind sie sehr raffiniert und beredt.

Kennen Sie die Gespaltenheit und die große Traurigkeit, die damit verbunden ist? Sind Sie nicht täglich verpflichtet, zwei Herren zu dienen, Gott und dem schwarzen Verfluchten? Der wahre Schüler des Rosenkreuzes weiß, daß er täglich Böses tut und nach der Art der Barbaren im grauen Kleid der Gewöhnung lebt.

Geht nicht täglich ein Schwert durch Ihre Seele, wenn Sie die frevelhaften Taten dieser Welt mit erdulden, in dem sicheren Wissen, daß Sie mitverantwortlich sind? Ist denn nicht in Ihnen der Schrei der Seele nach Erlösung, das verzweifelte Suchen in dieser tiefschwarzen Nacht?

Ist es nicht eine Wonne, ein Balsam der Hilfe und des Trostes, wenn der Hierophant zu Ihnen spricht: Freunde und Freundinnen, wir werden Ihnen beweisen – hören Sie, beweisen! – daß es nicht notwendig ist, Böses zu tun und nach der Art der Barbaren zu leben, wie wir es später in einer theokratischen Ordnung allen Menschen zeigen werden.

Zweifellos liegen Sie, Ihrer neuen Geburt nach, noch in Tücher gewickelt in der Krippe der dunklen Geburtsgrotte. Obwohl Ihre »Lebenszeit« gerade erst begonnen hat, obgleich Sie Ihrer zarten Jugend wegen in Ihren Gebärden noch unbeherrscht sind, sind Sie nach Gottes Fügung in Ihrem Alter zu einer neuen Geburt gelangt.

Die Hierophanten der Mysterien, die draußen auf den Feldern bei ihrer Herde Nachtwache halten, kommen zu Ihnen und sagen: »Sei gegrüßt, Neugeborener, wir zweifeln nicht daran, daß Du bereits einer der Unseren bist und es auch ewig bleiben wirst.« Während sie das sagen, achten sie so gründlich auf die Ruhe Ihres Wesens, den Ausdruck

Ihres Gesichts und den ruhigen Blick Ihrer Augen, die Gewissenhaftigkeit Ihrer Worte, ja, Ihr ganzes Verhalten, daß sie zu Ihren tiefsten Gedanken durchdringen.

Es geht darum zu entdecken, was Sie bei Ihrer neuen Geburt vom alten Adam mitgebracht haben, von Ihrer Gespaltenheit, von den Sitten der Barbaren. Es ist nämlich notwendig, daß der Neophyt bei seiner neuen Geburt in einer vollkommenen Blutserneuerung erwacht.

Das Blut ist die Basis des Bewußtseins. Alle Ihre Handlungen im Leben kommen durch das Blut zustande. Ein neuer Zustand, in den Sie eintreten, muß denn auch von einer Blutsreinigung, einer Blutserneuerung getragen werden. Das Blut besitzt sieben Kräfte und sieben Eigenschaften, welche die Qualitäten der sieben Körper des Menschen vergegenwärtigen und beweisen. Ihre Blutsart ist daher ein getreuer Spiegel Ihrer gesamten Art, und niemand kann in die Mysterienschule eintreten, der sich nicht durch seine Blutsqualität ausgewiesen hat.

Die Ruhe Ihres Wesens, der Ausdruck Ihres Gesichtes, der ruhige Blick Ihrer Augen, die Gewissenhaftigkeit Ihrer Worte, ja, Ihr ganzes Verhalten müssen denn auch bei Ihrer neuen Geburt in Ihrem Alter ihre Auferstehung in einer neuen Blutssicherheit feiern.

Wie ist es möglich, von den Sitten und Gebräuchen der Barbaren und dem Bösen des alten Lebens zu einer solchen siebenfachen Blutserneuerung zu gelangen?

Dafür gibt es nur ein Mittel, hier gibt es nur eine Möglichkeit, nämlich die Kraft des Christus, der seine Blutskraft, sein siebenfaches Kraftfeld in Ihre Sterbensnot herabsendet, damit durch Ihn, in Ihm und mit Ihm alle Dinge neu werden.

So hat Gott die Welt geliebt, daß Er seinen einzigen Sohn zu den Barbaren gesandt hat, damit jeder, der an Ihn glaubt, nicht verderbe, sondern das wahre neue Leben habe. Und nachdem er nach dem Abendmahl den Becher genommen hatte, sprach er: »Dieser Becher ist das neue Testament, die neue Ordnung in meinem Blut, das für euch vergossen wird. Trinket alle daraus.«

Setzt mich als ein Siegel auf Euer Herz,
als ein Siegel auf Euren Arm,
denn stark wie der Tod ist diese Liebe.
Ihre Gluten sind Feuergluten,
Flammen des Herrn.
Viele Wasser können sie nicht auslöschen,
die Flüsse sie nicht ertränken.
Kehr wieder, kehr wieder, Sulamith,
daß wir Dich anschauen können!

Und Jesus sagte: »Consummatum est.« Und das Haupt neigend, gab er den Geist auf.

DRITTE PRÜFUNG, DIE UNTERSUCHUNG DER PERSÖNLICHEN BILDUNG DES FREMDLINGS

Als ich zum dritten Prüfer kam, erfuhr ich nicht weniger Freundlichkeit als beim vorigen. Denn ich will es ein für allemal sagen, daß es hier keinen Hochmut und keinen Stolz gibt. Sobald ich diesen Mann sprechen hörte, fühlte ich mich beschämt wie nie zuvor. Hier galt es, wie Sokrates »nichts zu wissen«, aber in einem völlig anderen Sinn. Wie bedauerte ich, über Wissenschaft gesprochen zu haben. Er fragte mich, allerdings auf die zuvorkommendste Weise, inwieweit ich gelernt hätte, mich selbst zu beherrschen und in den Dienst meiner Mitmenschen zu stellen, der Welt zu widerstehen, in Harmonie mit dem Tod zu sein und dem Geist zu folgen; welche Fortschritte ich gemacht hätte in der Beobachtung des Himmels und der Erde, in der präzisen Untersuchung der Natur, in den Werkzeugen der Kunst, in der Geschichte und der Entstehung der Sprachen, in der Harmonie der gesamten Welt; in welchem Verhältnis ich stünde zur Gemeinschaft der Kirche, zur Heiligen Schrift, zum himmlischen Vaterland, zur Schule des Geistes, zur Bruderschaft Christi und zur Gemeinschaft Gottes.

Mit Erstaunen bemerkte ich, wie wenig von den vielen Dingen, die den Mensch im Überfluß und reichlich geschenkt werden, mir zum wirklichen Besitz geworden war. Das einzige, was ich unter Umständen tun konnte, war, ein offenes Bekenntnis abzulegen, und ich antwortete: »Sehr geehrter Herr, alle diese Dinge sind mir völlig unbekannt, und ich habe noch niemals Unterricht darüber erhalten. Aber ich kann Euch versichern, daß ich damit bereits innerlich gerungen habe, danach verlangte, sie zu kennen, und den Mut gehabt habe, sie in Angriff zu nehmen.«

Darauf rief er beinahe jauchzend aus: »Du gehörst zu den Unseren, der Du uns die unbefleckte Tafel Deines Herzens bringst, gleichsam von der See selbst reingewaschen. Es bleibt uns nun nur noch übrig, Gott zu bitten, er möge mit seinem heiligen Griffel in Dein Herz schreiben, was nach seiner Weisheit und Güte heilsam für Dich sein wird.

Nun sollst Du wirklich unsere Stadt in allen ihren Teilen anschauen. Wenn Du zurückgekehrt bist, werden wir hören, was Du außerdem von uns noch wissen willst, und wir werden antworten, soweit wir darauf vorbereitet und dazu imstande sind.«

Und er gab mir drei Begleiter mit: Beeram, Eram und Neariam, würdige Menschen, was man ihnen ansah, die mich überall umherführen sollten.

Christianopolis, Kapitel VI

V

DIE UNTERSUCHUNG DER PERSÖNLICHEN BILDUNG DES NEOPHYTEN

Bevor der Neophyt Christianopolis, den neuen Staat der Mysterienschule, der sich in allen Dimensionen des Kosmos manifestiert, betreten kann, wird er einer dreifachen Prüfung unterworfen. Zwei Ansichten dieser Untersuchung haben wir bereits behandelt, und es bleibt uns noch die Untersuchung der persönlichen Bildung des Neophyten.

Wir wollen es unmißverständlich sagen, daß man in der Mysterienschule das Wesen der Bildung mit völlig anderen Maßstäben mißt, als es in der Welt geschieht.

In den gegenwärtigen gesellschaftlichen Verhältnissen wird man bereits für einen sehr gebildeten Menschen gehalten, wenn man nur materiellen Wohlstand besitzt. Wenn Sie genug Geld zusammengerafft haben, können Sie sich mit dem umgeben, was unsere Technik und unsere Kunst produzieren, mit allem, was für Geld zu haben ist.

Denken wir einmal an einen Kuchenbäcker. Wir kannten einen, der begann, altes Brot zu sammeln wie der Bauer für seine Schweine. Dieses alte Brot trocknete er, mahlte es und vermengte es mit etwas Zucker. Aus diesem Gemisch buk er seine ersten Kuchen, und so kam er zu einer ins Auge fallenden Kultur. Dieser ersten Kulturstufe folgte die zweite. Denn was geschah?

Da unserem Kuchenbäcker alles nach Herzenswunsch

ging, brachte er seine Familie in eine andere Umgebung. Aus der unansehnlichen kleinen Etagenwohnung irgendwo im Viertel zog er in ein Einzelhaus mit einem Garten vorn und hinten. Die Wohnungseinrichtung wurde erneuert, ein Auto angeschafft. Der Herr und die Dame begannen, auf Dinge zu achten, auf die sie vorher nichts gegeben hatten. Denn der Umgang mit kultivierten Nachbarn hat eigene Gesetze.

In dieser kultivierten Umgebung wuchsen die Kinder des Kuchenbäckers auf, und diese Kinder erhielten eine Ausbildung, eine gute Ausbildung. Sie besuchten sehr gute Grundschulen und danach die Oberschule, und einige der Gescheitesten gingen auf die Universität. So wurde in der zweiten Generation auf der Basis der Kuchenbäckerei die intellektuelle Bildung geboren.

Die gebildete zweite Generation blieb nicht beim Kuchenbacken; gut vorbereitet und mit einem gut gefüllten Geldbeutel ausgestattet zog sie aus, die Zivilisation zu verbreiten, was in jener Zeit sehr gut in Indien oder anderen fernen Ländern möglich war.

Die erste Generation legt die Grundlage der Kultur, die zweite verbreitet die Kultur. Die erste Bildungsstufe erreicht man beispielsweise mit der Herstellung von Kuchen oder anderen Erzeugnissen, die zweite mit dem Intellekt. Die erste Bildungsstufe erwächst aus unermüdlicher harter Arbeit, sie ist materieller Natur. Die zweite Bildungsstufe, die intellektuelle, nennt man die geistige Bildung.

Die Kultur der zweiten Generation ist viel gewinnbringender und gesünder, aber sie schafft ein großes Chaos.

Dieses Chaos manifestiert sich in der dritten Generation, bei den Enkeln des Kuchenbäckers. Diese Enkel sind natürlich noch kultivierter und noch intellektueller, und ihr Bildungsdrang kennt keine Grenzen.

Hier entsteht nun die Schwierigkeit. Es gibt zu viele Gebildete, und neue Kulturgebiete stehen nicht mehr zur Verfügung. Die vielen Kuchenbäcker in allen Ländern haben dieses dritte Geschlecht hervorgebracht das so zahlreich ist wie Sand am Meer. Es gibt keine Verwendung mehr für sie, um noch gebildeter zu werden. Daher leben in unserer Welt die verdächtigen atavistischen Überreste einer Zeit wieder auf, die vor der unseres Kuchenbäckers liegt. Diesen Atavismus bezeichnet man mit einem modernen gebildeten Ausdruck als das »Suchen nach mehr Lebensraum». Jedoch die Methode ist in allen Zeiten gleich. Sie kennen sie sicher.

Das ist nun die Bildung der Masse. Wenn Sie ehrlich sind, werden Sie erkennen, daß Sie selbst oder einer Ihrer Vorfahren Kuchenbäcker waren oder noch sind. Einige von Ihnen oder Ihren Vorfahren sind erfolgreiche Bäcker, andere sind dabei, es zu werden. Das nennt man den «Kampf ums Dasein.«

Außerdem dürfen wir nicht vergessen, daß Zahllose aus diesen drei Generationen auch Religion besitzen. Mit Gebeten vervollkommnen sie ihre Kultur und Bildung. Aber achten Sie darauf, wenn wir hier über Religion sprechen, meinen wir etwas ganz anderes als die Religion der Kuchenbäcker.

Es ist doch so: Das erste Geschlecht der Kuchenbäcker wird von energischen Arbeitern gebildet. Diese Menschen sind zwar oft von Haus aus religiös. Aber sie haben zu wenig Zeit für Religion. Sie sind viel zu sehr mit Kuchenbacken beschäftigt.

Sobald sie nun in das eigene Haus mit Garten vorn und hinten ziehen, wird das anders. Dann leben sie das religiöse Bedürfnis in ihren Kindern aus. Gewiß wird eines der Kuchenbäckerkinder Pfarrer oder Priester. Fast alle unsere Theologen sind Kuchenbäckerkinder mit Kuchenbäckerbildungsallüren, und die Theologen der dritten Generation, die Enkel unserer Kuchenbäcker, sitzen nun mit ihren intellektuellen Kollegen arg in der Klemme.

Man beginnt allmählich zu entdecken, daß es mit der Religiosität nicht ganz stimmt; deshalb verliert man sich in endlosen Disputen, und es wächst die Neigung, zu den Zeiten der Großväter zurückzukehren. Anstatt frei heraus zu sagen: »Wir wissen es nicht mehr! Wir stecken bis zum Hals im Morast unserer Altbrot-Kultur«, spricht man lieber von »dialektischer Theologie«. Das klingt gebildeter.

Es wird allerdings nicht von der dialektischen Philosophie im Sinn Hegels gesprochen. Sonst müßte man wissen, daß es mit allen Kuchenbäckern der ersten, zweiten und dritten Generation schlimm ausgehen muß. Sehen Sie, hier haben Sie die Geschichte unserer Bildung, die ganze westliche Kulturhistorie.

Es wird in der westlichen Welt so viel über moralische und geistige Wiederaufrüstung gesprochen. Diese geistige Wiederaufrüstung entsteht aus dem Elend unserer Zivilisationswirklichkeit. Darum sagen wir Ihnen, wenn die geistige Wiederaufrüstung kein hohles Gerede sein soll, müssen Sie sich restlos von den Täuschungen dieser Scheinbildung befreien.

Das geht nicht mühelos; denn wie die Baracken- und Hinterhofbewohner unserer Großstädte infolge des Mangels an Sonnenlicht als bleiche Schatten durch das Leben wandeln, so wie durch falsche Erziehung und erbliche Belastung die Drüsen der inneren Sekretion nicht richtig funktionieren, was sich in zahlreichen körperlichen, moralischen und geistigen Mängeln auswirkt, so hat unsere Scheinkultur auch unter den Gutwilligsten und Redlichsten das geistige, moralische und körperliche Aufnahmevermögen ernstlich beinträchtigt. Die Prominenten, die sich für die Blüte der Gesellschaft halten, sind vom göttlichen Standpunkt aus geistig labil.

Wenn der Neophyt nun vor den Hierophanten des dritten Mysteriums gebracht wird, begegnet er nicht weniger Wohlwollen als bei der zweiten Prüfung. Es gibt in einer Mysterienschule keinen Hochmut und Stolz.

Sobald er den Hierophanten jedoch sprechen hört, fühlt er sich beschämt wie nie zuvor. Er hat das Gefühl, wie Sokrates »nichts zu wissen«, jedoch in einem ganz anderen Sinn. Ein tiefes Gefühl vollkommener Unwissenheit überwältigt ihn, und es reut ihn, jemals geglaubt zu haben, »etwas« zu wissen. In dieser Phase der Erfahrung seiner Nichtigkeit wird dem Neophyten eine Fragenliste vorgelegt. Der Hierophant fragt, wie Andreae schreibt:

1. inwieweit der Neophyt gelernt hat, sich selbst zu beherrschen und in den Dienst seiner Mitmenschen zu stellen;
2. inwieweit er gelernt hat, der Welt zu widerstehen, in Harmonie mit dem Tod zu sein und dem Geist zu folgen;

3. welche Fortschritte er gemacht hat in der Beobachtung des Himmels und der Erde, in der präzisen Untersuchung der Natur, in den Werkzeugen der Kunst, in der Geschichte und der Entstehung der Sprachen; in der Harmonie der gesamten Welt;
4. in welchem Verhältnis er steht zur Gemeinschaft der einen, allgemeinen Kirche, zur Heiligen Schrift, zum Königreich der Himmel, zur Schule des Geistes, zur Bruderschaft in Christus und zur Gemeinschaft Gottes.

Vielleicht werden Sie nun von uns eine Erklärung erwarten über die ehrfurchtgebietende Offenbarung, die unergründliche Kenntnis und Liebe, die diesem vierfachen Schema zugrunde liegen. Wir werden sie Ihnen jedoch nicht geben, weil wir dazu nicht in der Lage sind.

Es geht hier um eine kurze Definition der gesamten esoterischen Philosophie des Rosenkreuzes. Es ist ein Ozean des Wissens, in dem man untertauchen, über den man mit verzückten Sinnen fahren kann, über den man ein bestimmtes Ziel erreichen, einen bestimmten Zweck erfüllen kann. Wer kann jedoch dieses Meer in seiner ganzen grandiosen Majestät ermessen?

Wenn der Hierophant der Mysterien zum Menschen über diese vier Pfeiler des Hauses Gottes spricht, dann bemerkt der Schüler mit peinlichem Erstaunen, wie wenig er von allem Großartigen weiß, das den Menschen so reichlich und im Überfluß geschenkt werden kann. Wer kann den Anforderungen dieser Prüfung genügen?

Das Einzige, was der Neophyt unter diesen Umständen

tun kann, ist, ein offenherziges Bekenntnis abzulegen und zu antworten:

Alle diese Dinge sind mir völlig unbekannt, und ich habe noch niemals Unterricht darüber erhalten. Aber ich kann Euch versichern, daß ich damit bereits innerlich gerungen habe, danach verlangte, sie zu erkennen, und den Mut gehabt habe, sie in Angriff zu nehmen.

Sind Sie in der Lage, ein solches Bekenntnis abzulegen? Oder könnte es in Ihrem Fall verlogene Bescheidenheit sein, um mit der Gewandtheit der intellektuellen Bildung doch nach Christianopolis hineinzukommen? Zu einem solchen ehrlichen Bekenntnis müssen Sie denn auch geadelt sein!

Wer von Ihnen, gebildete Kulturmenschen, fühlt bis in die tiefsten Fasern seines Wesens, daß er von der glorreichen Offenbarung des Planes Gottes mit Welt und Menschheit nichts weiß? Um in Ihrem tiefsten Innern diese Erkenntnis zu haben, müssen Sie zumindest erfahren haben, daß die Kenntnis, das Bildungsresultat der drei Generationen des Kleinbürgertums, ein Mühlstein ist, eine entsetzliche Gefahr und eine grobe Lüge.

Es gibt viele, die nicht bekennen wollen, daß sie keinen Unterricht in den göttlichen Heilsmysterien gehabt haben. Sehr viele können es nicht erkennen, weil ihr Wesen blind und vergiftet ist durch die Scheinbildung. Sie kommen zu den Pforten des Rosenkreuzes mit ihrem intellektuellen und zivilisierten Flittergold. Sie sind nicht korrekt, sondern in hohem Maß grob und seltsam brutal. Sie suchen keine Befreiung, sie werden nicht von Menschenliebe verzehrt, sie suchen mehr »Lebensraum« für ihre Selbstbehauptung, um mehr fressen zu können vom Kadaver unserer Kultur. Und vielleicht ist auch in Christianopolis etwas zu holen!

Wenn Sie dieses graue Entsetzen, dieses Grab voller Totengebein und Gift mit uns erfahren, dann entsteht der innere Streit und das intensive Verlangen, das Andere zu erreichen und zu erfahren, nicht intellektuell, sondern mit einem Herzenschrei: »O Gott, gib uns Licht! Wir ersticken in diesem Höllenbrand!«

Kennen Sie diesen inneren Streit und dieses dürstende Verlangen? Das ist nicht sehr gut für Ihre Gesundheit! Das macht Sie zu einem Fremdling! Und dann kann es in Ihrer Zerrüttung geschehen, daß Sie sich von Helfern umringt wissen und eine Stimme hören, die spricht: *Gott behüte Dich, Fremdling!*

Das lädt Sie mit Energie, das gibt Ihnen Mut, anzufangen und Ihre Fremdlingschaft zu bezeugen im Namen Christi, den Ruf der Güte, Wahrheit und Gerechtigkeit mitten unter die Wölfe zu schleudern und auf die Reise zu gehen zum Kraftfeld der Mysterien, von unten her, quer durch das wirkliche Leben.

So am Tor angelangt und vor dem dritten Hierophanten mit seiner eindrucksvollen vierfachen Untersuchung stehend, beugen Sie in Demut und Scham das Haupt, und Sie müssen, getragen von der Kraft Ihrer Ehrlichkeit und Selbsterkenntnis, bekennen: »Es ist in mir allein ein heftiger Streit und ein intensives Verlangen, es zu erreichen. Ich hatte in meiner Kleinheit trotzdem den Mut, das Wappen des Geistes, das in Christus leuchtet, zu ergreifen und zu den Waffen zu rufen. Jedoch all die Dinge, die Sie mir vorlegen, sind mir vollkommen unbekannt, niemals habe ich darin Unterricht erhalten.«

Sie wollen sich abwenden, weil Sie Ihre Ohnmacht empfinden, jedoch in diesem Augenblick trifft Sie ein Freudenruf. Der Hierophant ruft: »Bruder, Schwester, Du gehörst zu den Unsern, der Du uns eine unbefleckte Tafel Deines Herzens bringst, gleichsam reingewaschen vom Meer des wirklichen Lebens selbst, gesäubert vom Ruß der schwarzen Kultur und Bildung. Es bleibt uns nur noch, Gott zu bitten, er möge mit seinem heiligen Griffel in Dein Herz schreiben, was nach seiner Weisheit und Güte heilsam für Dich ist.«

Nicht Sie, sondern Gott in Ihnen! Völlig befreit vom Wahn, hungernd nach dem Brot des Lebens! In großer Bescheidenheit begreifen Sie Ihre Unkenntnis. Das ist der letzte Schlüssel zur Pforte der Stadt Christianopolis. Wo sich der Mensch selbst verlieren will und die Niederlage erfährt, erschallt die Posaune der Überwindung:

»Und nun, nun können Sie wirklich unsere Stadt in allen Teilen anschauen. Nun können Sie sich wirklich an der Kraft und dem Wesen der Mysterienschule laben, so daß Sie in dieser Kraft das Unheilige zerbrechen werden.«

Der Hierophant gibt Ihnen drei Männer mit: Beeram, Eram und Neariam, die Sie überallhin begleiten und Ihnen alles zeigen.

Beeram, Eram und Neariam, o Gottesgeschenk, o unermeßliche Liebe, o Trost in der Einsamkeit!

Beeram – die Strahlung Gottes in uns, die uns mit der höchsten Glückseligkeit erfüllt und die Bewußtseinserfahrung des ewigen Bundes mit Gottes Kindern in Christus wiederherstellt.

Eram – eine unbegrenzte Empfänglichkeit für die leuchtende Klarheit und das universelle Wissen von Christianopolis.

Neariam – das Entflammtwerden mit einer gewaltigen dynamischen Kraft, um das Empfangene an eine unter Schuld gebeugte Welt weiterzureichen und in ihr zu befestigen, es ihr als geistige Rüstung einzubrennen.

So werden Sie zu Rittern des Weißen Tempels geschlagen. Gott behüte Sie, Fremdling!

BESCHREIBUNG DER STADT

Wenn ich nun beginne, das Äußere der Stadt zu beschreiben, wird es mir wohl nicht übel ausgelegt werden. Ihre Form ist ein Quadrat, dessen Seiten siebenhundert Fuß messen, gut verstärkt durch vier Türme und eine Mauer. Die Stadt ist nach den vier Himmelsrichtungen ausgerichtet. Acht weitere sehr starke Türme, über die Stadt verteilt, erhöhen ihre Stärke. Weiter gibt es noch sechzehn kleinere Türme, die nicht vergessen werden dürfen. In der Mitte der Stadt erhebt sich eine so gut wie uneinnehmbare Burg.

Die Gebäude sind auf zwei Reihen verteilt oder, wenn man den Sitz der Regierung und die Lagerhäuser mitzählt, auf vier Reihen. Es gibt nur eine öffentliche Straße und einen Marktplatz, aber dieser ist von großer Bedeutung. Wenn man die ganze Anlage mißt, erkennt man, daß – von der innersten Straße gerechnet, die zwanzig Fuß breit ist – die Maße jeweils um fünf Fuß breiter werden, bis hin zur Mitte der Stadt, wo sich der runde Tempel befindet, der einen Durchmesser von hundert Fuß besitzt.

Von den Gebäuden aus gesehen, messen die Zwischenräume, die Vorratsscheuern und die Häuserreihen jeweils zwanzig Fuß, während der Wall fünfundzwanzig Fuß breit ist.

Alle Gebäude sind drei Stockwerke hoch. Gemeinsame Treppen führen hinauf. Das kann man auf der Abbildung deutlich erkennen. Die Häuser sind aus Backsteinen erbaut und durch feuerfeste Mauern getrennt, so daß ein Brand keinen ernstlichen Schaden verursachen kann. Quellwasser und fließendes Wasser gibt es in großer Menge. Es wird teils auf natürliche, teils auf künstliche Weise hineingeleitet. Der äußere Anblick des Ganzen ist ruhig, ohne Prunk, aber nicht vernachlässigt. Für frische, durchstreichende Luft ist überall gesorgt. Ungefähr vierhundert Bürger leben hier sehr friedlich und gottesfürchtig beieinander. Über fast jeden von ihnen werden wir etwas zu erzählen haben.

Außerhalb der Mauern gibt es einen fünfzig Fuß breiten Graben voller Fische, so daß er auch in Friedenszeiten Nutzen bringt. Im Gebiet der Bannmeile leben wilde Tiere, die hier nicht zum Vergnügen, sondern aus praktischen Gründen gehalten werden. Die gesamte Stadt ist in drei Bereiche aufgeteilt: einen Bereich für die Nahrungs-Versorgung, einen für Unterricht und Sport und einen anderen für Observation. Der Rest der Insel dient dem Ackerbau und dem Gewerbe.

Dies alles habe ich so gut wie möglich im Plan aufgezeichnet. Aber nun wollen wir durch die Stadt gehen.

Christianopolis, Kapitel VII

VI

BESCHREIBUNG DER STADT DER MAGIER

Wenn der Neophyt sich aus der feurigen Läuterungssee der Versuchungen und Prüfungen erhebt und die Wächter des Heiligtums ihm erlauben, die Stadt der Magier, die auf der Insel Caphar Salama liegt, zu betreten, dann wird er zu einem sehr hohen Zustand erhoben, dann wird er von einer gewaltigen Kraft durchglüht.

Seine Lungen füllen sich mit sehr reinem Äther, seine Füße betreten neue Erde, und über seinem Haupt wölbt sich ein neuer Himmel, denn die erste Erde, auf der er in Schmerzen und Tränen seinen Pilgergang vollbrachte, und der erste Himmel, zu dem er in bittendem Verlangen seine Hände erhob, sind vergangen.

Und der auf dem Thron sitzt, sagt: »Schreibe, denn meine Worte sind getreu und wahr.«

Die Form der Stadt [der Mysterien] ist ein Quadrat, dessen Seiten siebenhundert Fuß messen, gut verstärkt durch vier Türme und eine Mauer. Die Stadt ist nach den vier Himmelsrichtungen ausgerichtet. Acht weitere sehr starke Türme, über die Stadt verteilt, erhöhen ihre Stärke. Weiter gibt es noch sechzehn kleinere Türme, die nicht vergessen werden dürfen. In der Mitte der Stadt erhebt sich eine so gut wie uneinnehmbare Burg.

Wenn der Seher von Patmos uns in seiner Offenbarung

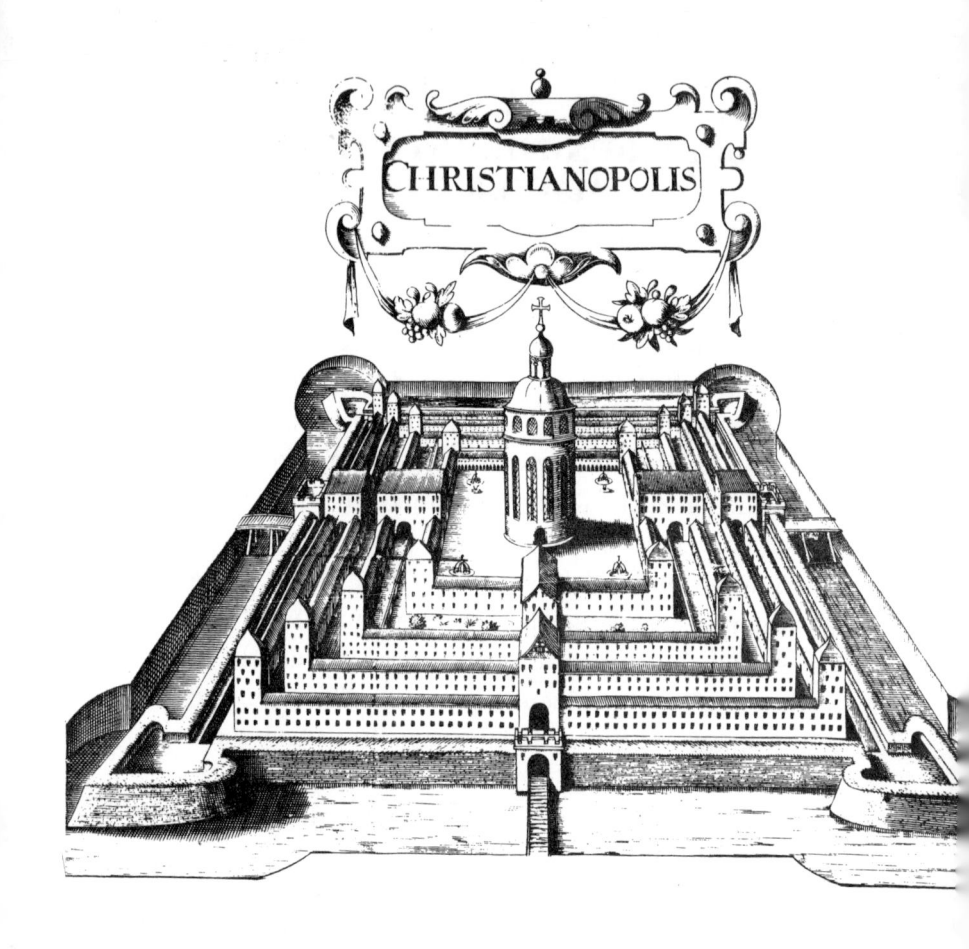

CHRISTIANOPOLIS

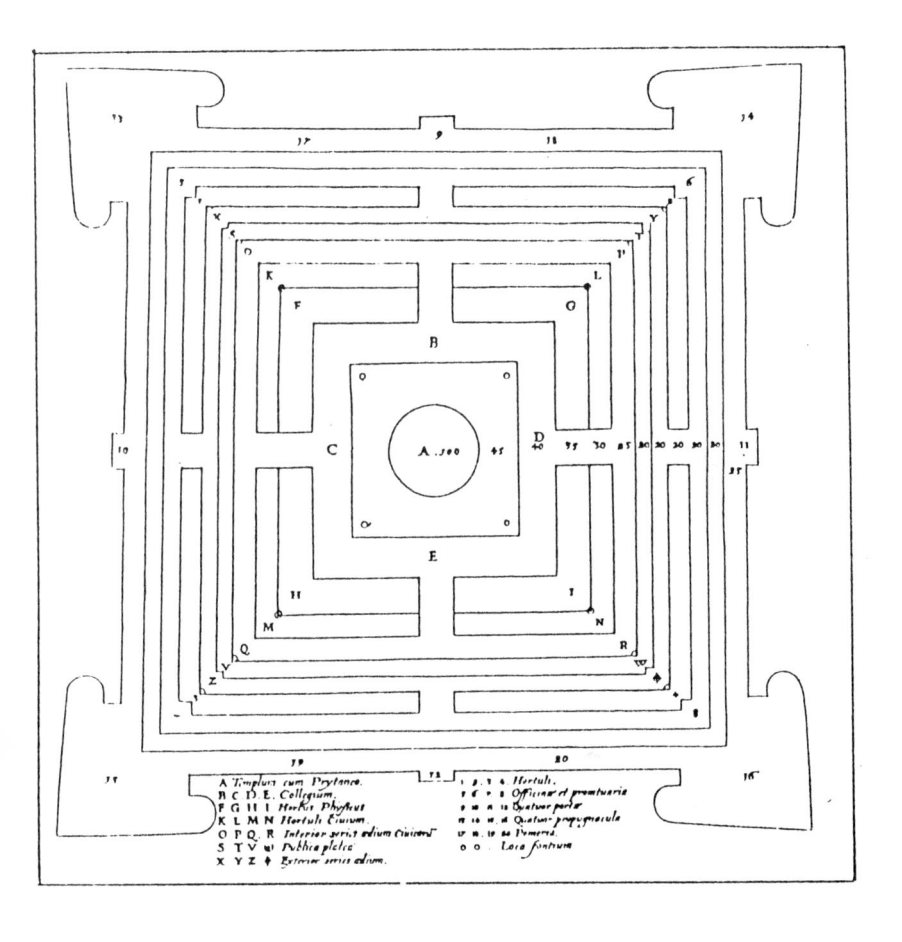

Grundriß von Christianopolis

A			Tempel mit Rathaus	1 2 3 4	Gärten
B	C	D E	Kollegium	5 6 7 8	Werkstätten und Vorratshäuser
F	G	H I	Naturgarten	9 10 11 12	Vier Tore
K	L	M N	Bürgergarten	13 14 15 16	Vier Bollwerke
O	P	Q R	Innere Reihe der Bürgerhäuser	17 18 19 20	Bannmeilen (heilige Grenzgebiete,
S	T	V W	Öffentliche Straße		die weder bebaut noch beackert wer-
X	Y	Z ⊕	Äußere Reihe der Bürgerhäuser		den dürfen)
				00	Brunnen

die Heilige Stadt beschreibt, die aus dem Himmel herniedersinkt, dann sagt er: »Der mit mir redete, hatte ein goldenes Rohr, daß er die Stadt messen sollte und ihre Tore und Mauer. Und die Stadt liegt viereckig und ihre Länge ist so groß als die Breite.«

Wir verstehen daraus, daß sowohl die Mysterienschule, wie auch das himmlische Jerusalem – nämlich die Manifestation einer vollkommenen Gottesordnung innerhalb der menschlichen Lebenswelle – sich im Verhältnis zur heutigen Erscheinungswelt als Quadrat offenbart.

Was bedeutet das? In der materialistischen Astrologie hat man gelernt, das Quadrat zu scheuen. Ein Horoskop mit vielen Quadraten bezeichnet man als eine ungünstige Situation. Wenn Sie sich die Mühe machen, in der astrologischen Literatur nachzuschlagen, werden Sie darin reichlich Gelegenheit finden, sich über diese gefährlichen Quadrate zu unterrichten.

Wir freuen uns sehr über diese Anschauungsweise, denn sie beweist mit großer Deutlichkeit, wie sehr das Kompendium unseres Lebens, die heilige Bibel, und die Lehren der alten Rosenkreuzer vom okkulten Materialismus abweichen, den man uns, manchmal mit einem religiösen Firnis versehen, als astrologische Wissenschaft vorsetzt.

Es ist uns eine Ehre, Ihnen sagen zu dürfen, daß die Philosophie des Rosenkreuzes in keiner einzigen Hinsicht mit diesem modernen Heidentum verbunden ist. Die Astrophilosophie des Rosenkreuzes steht auf einer ganz anderen Grundlage.

Das Quadrat, das einen Winkel von neunzig Grad symbolisiert, wollen wir den Menschheitsaspekt nennen, in dem die endgültige Bestimmung des Menschen übereinstimmend mit dem Gottesplan strahlt.

Das Gottesreich, das durch Menschenhände, Menschenhäupter und Menschenherzen errichtet werden muß, ist nicht von dieser Welt. Es kann in keiner einzigen Hinsicht den Verhältnissen unserer entarteten Kultur entsprechen und steht unserer niederen Natur diametral gegenüber. Deshalb wecken die Strahlen des Quadrats, die Sie bei Tag und Nacht zu treffen wissen, unerträgliche Spannungen in der Materie, in Ihrer Materie.

Und nun ruft man die astrologische Wissenschaft zu Hilfe, um diese ungünstigen Strahlungen zeitlich zu berechnen, nicht um ihre Forderungen zu erfüllen, nicht um ihrem Ruf zu folgen, sondern um ihnen zu entgehen, um sie in den Dienst der alten bösen Schlange zu stellen, die sich noch immer durch den Morast dieser Welt windet.

Erkennen Sie, daß das schwarze Magie ist? Verstehen Sie, daß »das Lesen in der Rota«, das die Rosenkreuzer in der *Fama Fraternitatis R.C.* erwähnen, etwas völlig anderes sein muß? Und entdecken Sie nun, daß die Mysterienschule sich als ein Schatten des himmlischen Jerusalem in dieser Materie als Quadrat ausdrückt und daher für alle ein Stein des Anstoßes sein muß? Entdecken Sie nun, daß Sie Prüfungen ausgesetzt sind, wenn diese Strahlungen Sie angreifen?

Wie Jesus Christus, unser Herr, als Erklärer Gottes unter uns ein Stein des Anstoßes geworden ist und von ihm gesagt wird: »... in dieser Nacht nahmen alle Ärgernis an ihm«, so nehmen viele Anstoß an der Mysterienschule, weil wir die heilige Stadt nicht verraten wollen, weil wir ihre Schätze in diesem gebildeten Heidentum nicht prostituieren wollen.

Der Materialist beugt sich angstvoll vor den Strahlen des Quadrats, als krümmten sich seine Glieder in stofflichem, moralischem und geistigem Schmerz. Je mehr er nach einem Ausweg sucht, umso offener wird er für die göttlichen Heimsuchungen, und durch sein Sichwinden beweist er, daß er seine Berufung als Kind Gottes verneint.

Die Geschichte wiederholt sich. Wie sich in der alten chaldäisch-ägyptischen Entwicklungsperiode die offizielle Wissenschaft der materialistischen Astrologie zuwandte und daher im Blutdunst unterging, so beschreitet man in unseren Tagen den gleichen Weg. Immer mehr wissenschaftlich ausgerichtete Menschen wenden sich praktisch der Astrologie zu. Hier und da empfindet man das als Fortschritt. Die Strahlen des Quadrats werden bald medizinisch-wissenschaftlich aufgefangen und als Pulver, Pillen, Tropfen, Kräuter und Injektionsspritzen verabreicht werden. Die Dividenden der Arzneimittelindustrie werden steigen, und auf den vergoldeten Etiketten der Dosen, Flaschen und Tuben mit Gift werden Tierkreissymbole erscheinen, und in den Werbeanzeigen wird es heißen: »Rezept Nummer soundsoviel, angefertigt nach einem alten Rezept von Paracelsus«.

Wenn die Entartung weiter zunimmt und die Menschen zu Hunderttausenden unter den Heimsuchungen der göttlichen Wirklichkeit leiden und bei der letzten Injektion in Seelenangst und Todesnot ihre Beschuldigungen an die falsche Adresse richten mit dem Gebet des Schriftstellers Multatuli: »O Gott, es gibt keinen Gott!«, dann werden die Atheisten und Freidenker das Wesen Gottes verfluchen und die medizinischen Verbrecher ehren, anstatt ihnen, was vernünftiger wäre, das Genick umzudrehen.

So ist in der Sowjetunion die Religion verpönt, dafür hat die Vivisektion ihre hohe Zeit, und die materialistische Astrologie wird sich gewiß durchsetzen und als Naturwissenschaft anerkannt werden. O welche Raserei, welch ein hoffnungsloses Elend!

Da ist die Stadt Gottes in unserer Mitte. Ihre Abgesandten klopfen an die Kammern unseres Herzens, und wir essen uns daran zu Tode! Der Sohn des Menschen steht mitten unter uns und reicht uns die Hand. Aber wir nehmen alle Anstoß an ihm, versunken wie wir sind in der Nacht der Erdentiefe.

Und nun noch eine Frage: Warum ist die Stadt Gottes, die in ihrer Manifestation als Quadrat vor uns leuchtet, wie ein verzehrendes Feuer?

Um das zu verstehen, müssen wir auf die heilige Lehre der Zahlen zurückgreifen. Das Quadrat weist auf die Vollkommenheit und Manifestation des Lichtes hin, das durch Menschenherzen, Menschenhände und Menschenhäupter in Güte, Wahrheit und Gerechtigkeit geworden ist. Das Quadrat ist das Symbol für das höchste menschliche Ziel in der Gnade Gottes. Deshalb läßt es sich auch nicht vom Menschen trennen, wenn er auch wie ein Tier lebt. Es verfolgt ihn wie ein Phantom. Wie eine Feuerflamme erfaßt es ihn und verursacht wuchernde Krebsgeschwülste. Das Quadrat symbolisiert die vollkommene Trennung zwischen Licht und Finsternis. In Christianopolis gibt es keinen Schatten und keine Umkehrung. Es herrschen dort vollständiges Verständnis und vollkommene Ordnung.

Das magische Quadrat wird als Quell blendender Lichtstrahlen dargestellt, als eine Kaiserstadt. Unsterblichkeit und Positivität sind seine Kennzeichen. Darum wird diese leuchtende Klarheit strahlend im Gotteslicht in unendlicher Farbenpracht im Buch der Offenbarung als eine Stadt mit Perlentoren beschrieben: »Ihre Mauer war aus Jaspis und die Stadt von lauterem Golde, gleich dem reinen Glase.«

Ja, obwohl Sie der Verdruß auch allmählich verzehrt, so ist da doch eine große Freude, daß die Mysterienschule als ein Schatten der Stadt Gottes sich gerade in der Entartung und durch die Entartung beweist.

Alles in dieser Welt ist für Geld zu kaufen. Für den niedrigen Sexualtrieb riskiert man einen Mord. Mit intellektuellem Training erobert man eine Professur, und mit Körperkraft überwindet man Widerstand. Aber die Tore der Stadt Christianopolis bleiben hermetisch verschlossen, bis der Mensch begreift, daß jedes Menschenkind durch den Geist Gottes entflammt ist, in Christus untergehen will, um, durch den Heiligen Geist wiedergeboren, alle latenten Vermögen zur östlichen Pforte zu bringen. Daher heißt es, daß die Seiten der Stadt siebenhundert Fuß betragen.

Ohne Wiedergeburt im Heiligen Geist, ohne Sieg des Geistes über den Stoff, kann nicht von Überwindung gesprochen werden. Darum wird jeder Neophyt einer dreifachen Prüfung unterworfen, bevor er zur Mysterienschule zugelassen wird. Er wird von drei Strahlen des Quadrats getroffen. In dieser Läuterung geht er entweder unter oder er ersteht als der wiedergeborene Phönix aus dem Feuer, wie in den alten Mysterien.

Es ist in der Mysterienschule bekannt, daß jeder Mensch dreimal von den Strahlen des gleichen Quadrats getroffen wird. In Ihrer gesamten Lebensentwicklung und Ihrem Verhalten werden Sie dreimal geprüft, um die Trennung zwischen Licht und Finsternis in Ihrem Wesen zu vollziehen. Nach der dritten Prüfung muß sich das Resultat in einem Aufstieg oder einem Untergang beweisen. Darum spricht Christus: »Fürwahr, ich sage euch, ich bin gekommen zu einem Fall oder zu einer Auferstehung vieler.«

So verbinden sich dann in dem Quadrat mit seinen Seiten von siebenhundert Fuß die kabbalistischen Werte des Lichtes mit denen des Sieges über den Stoff.

Die heilige Siebenheit wird dargestellt als zwei Säulen, die beiden Säulen der alten Mysterien, Boas und Jachin. Es sind die beiden Säulen in den Freimaurertempeln, die bei uns durch die beiden Lichter unter dem Rosenkreuz angedeutet werden.

Diese erhabene Symbolik erklärt uns, daß kein Mensch den Pfad des Erreichens betreten kann ohne die Gesetze der kosmischen Zwei-Einheit zu kennen, ohne Zusammenarbeit zwischen dem negativ Polarisierten und dem positiv Polarisierten auf allen Gebieten des Stoffes und des Geistes.

Diese beiden Säulen im Haus Gottes beweisen uns, daß nichts in dieser Welt entsteht ohne eine vollkommene, geheiligte Zusammenarbeit zwischen Mann und Frau. Sie erklären uns, warum alle Sünden gegen dieses Gesetz des Heiligen Geistes nicht vergeben werden können. Denn es ist unmöglich, an diesen beiden Säulen emporzuklimmen zur Vollkommenheit und Offenbarung des Lichtes, in dem kein Schatten und keine Veränderung ist, ohne die Forderung des Gesetzes erfüllt zu haben.

»Und Gott schuf den Menschen ihm zum Bilde, zum Bilde Gottes schuf er ihn und schuf sie, einen Mann und ein Weib.«

Zwei Säulen stellte Gott in seine irdische Schöpfung. Zwei Feuerfunken, jeder in allen Gebieten des Stoffes und des Geistes im Verhältnis zum anderen umgekehrt polarisiert. So sollten sie sich miteinander zur Gotteserfüllung verbinden und sich des Namens Mensch würdig erweisen. Und siehe, die beiden Säulen ragen empor wie Turmspitzen und vereinigen sich im Rosenkreuz.

Und die östliche Pforte wird geöffnet. Und die Stimme dessen, den wir alle kennen, spricht: »Selig sind, die ihre Kleider waschen, denn sie sollen ein Anrecht haben auf den Baum des Lebens und zu den Toren eingehen in die Stadt. Ich bin das A und das O, der Erste und der Letzte, der Anfang und das Ende, der helle Morgenstern.«

Dieser helle Morgenstern steigt in unseren Tagen am Horizont des entarteten Lebens empor. Wo das Licht dieser Gotteskraft die Nebel vertreibt, da sehen wir die theokratische Ordnung als ein magisches Quadrat in diese Welt herabsinken und seine Strahlen wie Blitze nach allen Seiten senden.

Die Spannungen werden unerträglich, und die Nerven zerreißen in dieser geladenen Atmosphäre. Die Selbstmorde nehmen zu, und die Orgien der Dämonen schütten ihre Sünden über die Menschheit aus. Und der Mensch schreit nach Luft und fleht um Licht.

Aber das Licht ist da! Sehen Sie es doch! Das Licht ist da!

Es läßt die Dunkelheit an sich selbst zugrunde gehen. Es ist der Sturmwind Gottes, der den erstickenden Staub zu Orkantrichtern aufwirbelt. Erwachen Sie aus Ihren Angstkomplexen und erkennen Sie den Ruf, der durch die Welt geht! Es wird ein Appell an Ihre höchste Menschlichkeit gerichtet.

»Und Gott schuf den Menschen ihm zum Bilde, zum Bilde Gottes schuf er ihn und schuf sie, einen Mann und ein Weib. Und er segnete sie und nannte sie Mensch, an dem Tage, da sie geschaffen wurden.«

Und Er, welcher der Erste und der Letzte ist, der helle Morgenstern, kommt, um Sie durch sein magisches Quadrat zu Ihrer Bestimmung von Gottes wegen zu erwecken, die Sie erfüllen können mit der siebenfachen Kraft des Heiligen Geistes, welcher Sie entflammen will.

Wissen Sie nicht, daß im heiligen Buch steht: »Es war um die sechste Stunde, da ward eine Finsternis über das ganze Land bis an die neunte Stunde. Und die Sonne verlor ihren Schein und der Vorhang im Tempel zerriß mitten entzwei.«

In dieser Dunkelheit gab der Sohn des Menschen seinen Geist der Erde gefangen. Gekreuzigt, gestorben und begraben, niedergefahren zur Hölle. Aber am dritten Tage wieder auferstanden von den Toten. Wo das Licht dieser Gotteskraft die Nebel vertreibt, da sehen wir das geöffnete Grab.

Freunde des Rosenkreuzes, lassen Sie uns daher neue Menschen sein. Zerbrechen Sie alle Bindungen mit der Vergangenheit, die Sie immer wieder aus der Wirklichkeit zurückziehen.

*Denn Du, Herr, hast meine Seele
aus dem Tode gerissen,
mein Auge von den Tränen,
meinen Fuß vom Gleiten befreit.
Ich werde wandeln vor dem Herrn
im Lande der Lebendigen.
Ich will meine Gelübde dem Herrn bezahlen,
vor allem seinem Volk,
in den Höfen am Hause des Herrn,
in dir, Jerusalem. Hallelujah!*

VII

DIE STADT DER MYSTERIEN (I)

Als Sie die Stadt der Mysterien, Christianopolis, betraten, entdeckten Sie, warum diese Zitadelle der Güte, Wahrheit und Gerechtigkeit im Quadrat erbaut ist und warum ihre Seiten siebenhundert Fuß messen. Diese Stadt ist nämlich das Gegenteil Ihrer zerbrochenen Lebenswirklichkeit und muß daher kraft ihres Wesens ein Stein des Anstoßes sein, ein göttliches Feuer, das seine Strahlen mit versengender Kraft auf Sie richtet. Es sind Strahlen, denen Sie sich nicht entziehen können, die Sie treffen zu einer Auferstehung oder zu einem Fall; denn sie sind aus der Kraft des Heiligen Geistes, der allein aufbauen oder abbrechen kann.

Die Stadt der Mysterien ist kein Märchen, keine liebliche Legende, kein dunkles Geheimnis, auch kein reizvolles okkultes Idyll, sondern eine harte, sehr harte Wahrheit, die zur Rettung der Menschheit wie ein Blitz in diese Welt dringt.

Von diesem Feuer des Evangeliums berührt, betreten wir erneut die Christenstadt und sehen:

Die Form der Stadt der Mysterien ist ein Quadrat, dessen Seiten siebenhundert Fuß messen, gut verstärkt durch vier Türme und eine Mauer. Die Stadt ist nach den vier Himmelsrichtungen ausgerichtet. Acht weitere sehr starke

Türme, über die Stadt verteilt, erhöhen ihre Stärke. Weiter gibt es noch sechzehn kleinere Türme, die nicht vergessen werden dürfen. In der Mitte der Stadt erhebt sich eine so gut wie uneinnehmbare Burg.

Mit diesem zweiten Hinweis auf den magischen Aspekt der Stadt werden wir näher in die Dynamik und die Wirkungssphäre der Mysterienschule eingeführt. Wir erhalten einen Begriff von den Kraftlinien, mit deren Hilfe der Orden des Rosenkreuzes in dieser Welt wirkt, um die theoretischen Grundlagen eines neuen Zusammenlebens zu schaffen.

Zunächst seien die vier Türme erwähnt, die untereinander durch eine starke Mauer verbunden sind und in die vier Himmelsrichtungen weisen. Je zwei Ansichten dieser vier Türme weisen nach außen und zeigen hierdurch ihren Zusammenhang mit den acht anderen sehr starken Türmen, die über die Stadt verteilt sind. Dagegen lassen die beiden nach innen gerichteten Seiten der vier Türme in Verbindung mit der dualistischen Wirksamkeit der acht anderen Türme die sechzehn kleineren Türme entstehen, die nicht vergessen werden sollen. Denn sie bilden die Kraft der uneinnehmbaren Burg in der Mitte.

Lassen Sie uns versuchen, die auf den ersten Blick so verschleierten Andeutungen dieser Mysteriensprache zu verstehen. Sie wissen, daß das große Naturreich von vier Grundelementen beherrscht wird: Wasser, Feuer, Luft und Erde.

Aus der Tiefe des *Wassers* ersteht das All,
um vom *Feuer* verzehrt zu werden.
Aus der Vermischung von Wasser und Feuer
entsteht die *Atmosphäre*.
Und wenn dann aus diesem Opfer die Wolken
aufsteigen, erscheint die *Erde*,
die über alles Lob erhabene und
doch so heimgesuchte und versehrte Erde.

»Die Erde war wüst und leer, und es war finster auf der Tiefe; und der Geist Gottes schwebte auf dem Wasser. Und Gott sprach: Es werde Licht, und es ward Licht. Und Gott sah, daß das Licht gut war. Da schied Gott das Licht von der Finsternis und nannte das Licht Tag und die Finsternis Nacht. Da ward aus Abend und Morgen der erste Tag.

Und Gott sprach: Es werde eine Feste zwischen den Wassern und die sei ein Unterschied zwischen den Wassern. Da machte Gott die Feste und schied das Wasser unter der Feste von dem Wasser über der Feste. Und Gott nannte die Feste Himmel. Da ward aus Abend und Morgen der andere Tag.

Und Gott sprach: Es sammle sich das Wasser unter dem Himmel an besondere Orte, daß man das Trockene sehe. Und es geschah also. Und Gott nannte das Trockene Erde, und die Sammlung der Wasser nannte er Meer. Und Gott sah, daß es gut war.

Und die Erde ließ aufgehen Gras und Kraut, das sich besamte, ein jegliches nach seiner Art, und Bäume, die Frucht trugen und ihren eigenen Samen bei sich selbst hatten, ein jeglicher nach seiner Art. Und Gott sah, daß es gut war. Da ward aus Abend und Morgen der dritte Tag.

Und Gott sprach: Lasset uns Menschen machen, ein Bild, daß uns gleich sei, die da herrschen über die Fische im Meer und über die Vögel unter dem Himmel und über das Vieh und über die ganze Erde und über alles Gewürm, das auf Erden kriecht. Und Gott schuf den Menschen ihm zum Bilde, zum Bilde Gottes schuf er ihn und schuf sie, einen Mann und ein Weib. Und Gott segnete sie und sprach: Seid fruchtbar, mehret euch und füllet die Erde und machet sie euch untertan. Und Gott sah an alles, was er gemacht hatte, und siehe da, es war sehr gut.«

Dann kamen die Menschen und verwandelten diese Wonne, diese strahlende Schönheit in einen Schandfleck, die himmlische Freude in tiefe Betrübnis und den lieblichen Garten Eden in einen Ort von Blut und Tränen.

Die Menschen kamen und zerrissen sich gegenseitig mit ihren Krallen. Die Menschen kamen und zerschossen sich gegenseitig zu Fetzen.

Dann kamen die Menschen und mordeten im Großen – mit Hilfe der schwarzen Religion, die von überallher aus den Kloaken den Wahn wie eine Pestwolke über die Erde treibt, mit Hilfe der Kunst, die das All in der Täuschung gefangen hält, mit Hilfe der Wissenschaft, die alles ersinnt, was der Vernichtung dient.

Dann kamen die Menschen, und ihre Priester segneten die Mörder und ihre Künstler übersäten die Gräber mit Standbildern aus weißem Marmor, und die irrsinnigen Intellektuellen wurden dekoriert.

Und so wie in China, wo Gebiete von vielen Tausenden

Quadratkilometern, die früher dicht bevölkert waren, durch die Gewalt der Japaner trostlos, dürr und entvölkert wurden, wird die Erde wieder wüst und leer.

Dann kamen die Menschen und verrieten und verkauften sich gegenseitig.

Es kamen die Menschen, und sie stanken vor materiellem, moralischem und geistigem Schmutz.

Und von der Erde gellt ein Schrei empor, der die Himmel zerreißt, ein Schrei der Angst und des tiefen Leidens der Menschen, verursacht von Menschen.

So erkennen die Menschen sich selbst, erkennen ihre gebrochene Wirklichkeit. Sie sehen sich selbst als Kinder Gottes, von denen einmal gesagt wurde: »Und Gott sah an alles, was er gemacht hatte, und siehe da, es war sehr gut.«

Wenn Sie verstehen, daß es am Anfang sehr, sehr gut war, dann entdecken Sie, daß der Mensch im tiefsten Wesen mit unermeßlichen Kräften ausgestattet ist. Dann entdecken Sie, daß Sie Abschied nehmen müssen von allen Täuschungen, von aller schwarzen Umklammerung, von dieser ganzen Welt der Unreinheit. Dann entdecken Sie, daß Sie in dieser versündigten Natur mit allen ihren verworfenen Ausdrucksformen der Kunst, Wissenschaft und Religion ein Fremdling werden müssen, und daß Sie wiedergeboren werden müssen, um Gott, Ihren Schöpfer, zu finden, um den Gottesplan für Welt und Menschheit kennenzulernen.

Wenn Sie zu diesem reinen, neuen Verständnis durchgedrungen sind, erwacht in Ihnen unwiderruflich das Verlangen, diese Wiedergeburt zu verwirklichen.

Und nun sagen wir, daß es dazu nur einen Weg gibt, nur eine Möglichkeit, nämlich ausschließlich in der Kraft Jesu Christi, unseres Herrn. Er allein befähigt uns, wieder Kinder Gottes zu werden, uns nämlich zu der Menschengruppe zu fügen, von der Gott sagte: »Und siehe da, es war sehr gut.«

Es ist möglich, daß Sie bereits versucht haben, in der Kraft Christi Erneuerung zu erlangen. Es gibt sehr viele, welche diese christliche Terminologie gebrauchen, aber sie betrügen sich selbst und andere. Wenn Sie die Kraft Christi finden wollen, dann müssen Sie die Materie der Unreinheit von Ihren Füßen schütteln mit allen damit verbundenen Konsequenzen. Das scheint man nur schwer akzeptieren zu können. Lieber überläßt man es anderen. »Denn mit Geld ist doch alles zu kaufen? Mit ein wenig materieller, moralischer und geistiger Hingabe ist doch alles zu erlangen? Wir müssen unsere Lebenshaltung doch humaner gestalten? Was muß denn sonst noch getan werden?«

Sie müssen Abschied nehmen von dieser Welt der Unreinheit! Sie müssen ein Fremdling werden in dieser verworfenen Ordnung! Das bedeutet nicht, sich zurückzuziehen. Das möchten Sie gern! Es bedeutet nach den Worten des Paulus, *in* der Welt, jedoch nicht *von* der Welt zu sein. Als ein flammendes Zeugnis und als ein Ärgernis in der Welt stehen: als ein Ärgernis für viele, aber trotzdem als ein wirklicher Freund aller.

Johann Valentin Andreae schüttelte die Materie der Unreinheit von seinen Füßen auf der Reise nach Caphar Salama, dem Lamm Gottes, das die Sünden der Welt hinwegnimmt. Daher wurde er zum Ärgernis und man lästerte über ihn. Daher erzählt man bis auf den heutigen Tag Unwahrheiten über ihn und unternimmt alles, um den Fortschritt seiner Arbeit zu verhindern. Jeder Neophyt, der den Fußspuren des Johann Valentin Andreae folgen will, erlebt die gleichen Erfahrungen und löst heftige Proteste aus.

Weshalb protestieren Sie? Weil Sie noch an die Täuschungen gebunden sind, weil Sie noch an die Welt der Unreinheit gekettet sind, weil Sie sich aus dem einen oder anderen Grund noch nicht davon lösen wollen. Darum sind Sie nach den Worten der Heiligen Schrift sehend blind und hörend taub. Obwohl Sie sehen können, wollen Sie nicht sehen, und obwohl Sie hören können, wollen Sie nicht hören. Sie sind also geisteskrank. Darum sind Sie verstimmt, wenn ein Neophyt, der sich von der gebrochenen Wirklichkeit gelöst hat, Sie darauf hinweist.

Aber wir sagen Ihnen, Ihre Proteste beschleunigen und verschlimmern Ihre Konflikte. Wenn Sie nicht aufsteigen wollen, dann müssen Sie untergehen. Wir hoffen und bitten, daß Sie den kaum wiedergutzumachenden Schaden erkennen, den Sie auf diese Weise Ihrem Leben zufügen. Wenn Sie etwas mehr Unterscheidungsvermögen besäßen, würden Sie schneller entdecken, wer Ihre Freunde und wer Ihre Feinde sind.

Haben Sie schon einmal von einer *kämpfenden Kirche* gehört, die wie eine Schlachtordnung in dieser Welt steht? Dazu werden Sie gerufen, damit Sie einmal zur *überwindenden Kirche*, der Loge der Erhabenen, gehören.

Wenn Sie diesem Ruf auf die Ihnen geschilderte Weise folgen, dann werden Sie die Stadt sehen, die durch eine

Mauer und vier Türme, die nach den vier Himmelsrichtungen ausgerichtet sind, gut gesichert ist.

Was bedeutet das? Es bedeutet, daß die Mysterienschule ihre Erneuerungsarbeit ganz in Übereinstimmung mit dem makrokosmischen Schöpfungssystem und den vier Grundelementen des großen Naturreiches verrichtet: mit Wasser, Feuer, Luft und Erde. Von diesen vier hohen Türmen aus muß die Mysterienschule, wie die vier Herren des Schicksals, die wüste, leere Erde wiedererschaffen zu Güte, Wahrheit und Gerechtigkeit.

Jesus sagte: »Wahrlich, wahrlich ich sage dir, es sei denn, daß jemand geboren werde aus Wasser und Geist, so kann er nicht in das Reich Gottes kommen.«

Gott sprach: »Es werde Licht, und es ward Licht.« Und im Dienst dessen, der ist in aller Ewigkeit, strahlen die Brüder der Mysterienstadt das in ihnen Gestalt annehmende Christuslicht in diese Welt. Dadurch können sie Licht und Finsternis trennen. Niemand zündet einen Leuchter an und stellt ihn unter den Scheffel, sondern auf einen Leuchter, daß er allen leuchte, so heißt es in der Bergpredigt. Darum werden die Brüder des Lichtes, von diesem Gesetz getrieben, ihr Licht auszustrahlen – das Licht Tag nennend und die Dunkelheit Nacht. So ward aus Abend und Morgen der erste Tag.

Gott sprach: »Es sei eine Feste zwischen den Wassern und sei ein Unterschied zwischen den Wassern.« Gestärkt durch dieses Gebot schießt das Licht wie ein Blitz herab, um die Wasser der roten Blutsee zu scheiden. Das himmlische Licht der Wahrheit wird hier zum Feuer der Tat. Der feurige Gottesfunke, Geist von seinem Geist, steigt in das

Wasser herab, damit aus der Verbindung mit dem Wasser, das sich als Krebs-Epos des Ewigzeugenden und Ewiggebärenden offenbart, ein neues Firmament erstehe. Und es geschah also. Und Gott nannte das Firmament Himmel. So ward aus Abend und Morgen der zweite Tag.

So arbeitet die Mysterienschule von ihren vier weißen Türmen aus auf Gottes Gebot.

So strahlt sie mit ihrem weißen Licht.

So trifft sie Sie mit ihrem feurigen Geist.

So trifft sie Sie, um das, was sich nach oben wendet, zu trennen von dem, was von der Dunkelheit ist.

So erschafft sie in Ihnen in diesem heftigen Streit ein neues Firmament nach den Gesetzen des Elementes Luft. Ein neuer Himmel beginnt sich in Ihrem Mikrokosmos zu zeigen. Leuchtet dieser zweite Tag bereits in Ihrem Leben? Dann gehen wir weiter zum dritten Tag:

Gott sprach: »Die Wasser sollen sich an einem Orte sammeln, auf daß das Trockene sichtbar werde. Und Gott nannte das Trockene Erde. Und Er sah, daß es gut war.«

Die Mysterienschule versucht durch ihren Einfluß auf Sie, über Ihren mikrokosmischen Himmel, aus Ihrer Seelenwolke, Ihre Lebenswirklichkeit, die neue Erde, zu erschaffen, eine neue, reine Persönlichkeit zu bilden.

Gott sprach: »Die Erde verherrliche sich in Gras, Blumen, Pflanzen und Früchten. Und es geschah also.« So müssen Sie als neuer Mensch mit einem neuen Wirken beginnen und eine neue Ordnung in dem Chaos Ihrer Unreinheit errichten. So ward aus Abend und Morgen der dritte Tag.

Und nun vereinigen sich die durch eine starke Mauer

verbundenen vier Türme zu einer leuchtenden Kraftsäule. Gott sprach: »Es sollen Lichter sein am Himmel, die da scheiden Tag und Nacht.« In der Seelenwolke des Neophyten beginnen sich Kraftlinien zu bilden. Ein höheres Licht, ein höheres Bewußtsein entwickelt sich, das von Angesicht zu Angesicht erkennen kann. Was zuerst nur dunkler Verstand war, wird nun zum klaren Begriff. Und Gott sah, daß es gut war. So ward aus Abend und Morgen der vierte Tag.

So geht die Schöpfung in strahlender Freude weiter zum fünften Tag. Die tierische Lebenswelle wird entsprechend ihrer Bestimmung wieder der Obhut einer neuen Menschheit anvertraut, die am sechsten Tag mit einem Jubelschrei aus dem neuen Himmel und der neuen Erde erwacht.

»Lasset uns Menschen machen, ein Bild, das uns gleich sei, die da herrschen über die Fische im Meer und über die Vögel unter dem Himmel und über das Vieh und über die ganze Erde und über alles Gewürm, das auf Erden kriecht. Und Gott schuf den Menschen ihm zum Bilde, zum Bilde Gottes schuf er ihn und schuf sie, einen Mann und ein Weib.«

Ach, dieser göttliche Lehrstoff ist so tief, so umfassend, daß wir unseren Überblick auch jetzt noch nicht einigermaßen befriedigend abschließen können. Wir haben uns in dem Licht der vier Türme der Mysterienschule gesonnt. Sie führen uns in der Kraft Christi zu einer vollkommenen Neuschöpfung, damit wir endlich wieder mit dem Gottesplan verbunden, endlich wieder Kinder Gottes werden.

Und Gott sah an alles, was er gemacht hatte, und siehe da, es war sehr gut. So ward aus Abend und Morgen der sechste Tag.

Diese Traumwirklichkeit der alten und doch stets neuen Schöpfungsgeschichte stellen wir vor Sie als einen Balsam von Gilead, einen Balsam der Hilfe und des Trostes. Aber denken Sie daran: dieser Traum muß Wirklichkeit werden!

Und beachten Sie, daß die vier Türme der Naturgesetzmäßigkeit unterstützt werden durch acht andere starke Türme, welche die Kraft der Gerechtigkeit symbolisieren, den kosmischen Lauf der Dinge, dem sich niemand widersetzen kann.

Es gibt auch noch sechzehn kleinere Türme, die nicht vergessen werden dürfen; denn aus der Zerbrechung, aus der Vernichtung der Unreinheit erstehen das vollbrachte Werk und die Überwindung, die möglich geworden sind durch die Kraft des Löwen, der uneinnehmbaren Festung in der Mitte.

»Also wurde geschaffen der Himmel und die Erde, und Gott ruhte am siebten Tag.«

Arbeitet, solange es Tag ist.
Brecht mit der Welt der Unreinheit.
Früher wart Ihr Dunkelheit,
doch nun seid Ihr erleuchtet im Herrn.
Wandelt als Kinder des Lichtes,
denn die Frucht des Geistes ist allein
in Güte, Wahrheit und Gerechtigkeit.

VIII

DIE STADT DER MYSTERIEN (II)

Während wir einen Schritt weiter in die Stadt der Mysterien gehen, lesen wir:
Die Gebäude sind auf zwei Reihen verteilt oder, wenn man den Sitz der Regierung und die Lagerhäuser mitzählt, auf vier Reihen. Es gibt nur eine öffentliche Straße und einen Marktplatz, aber dieser ist von großer Bedeutung. Wenn man die ganze Anlage mißt, erkennt man, daß – von der innersten Straße gerechnet, die zwanzig Fuß breit ist – die Maße jeweils um fünf Fuß breiter werden, bis hin zur Mitte der Stadt, wo sich der runde Tempel befindet, der einen Durchmesser von hundert Fuß besitzt. Von den Gebäuden aus gesehen, messen die Zwischenräume, die Vorratsscheuern und die Häuserreihen jeweils zwanzig Fuß, während der Wall fünfundzwanzig Fuß breit ist.

Wenn es uns vergönnt ist, wie in einer Sinnesentrückung die heilige Stadt des Rosenkreuzes zu sehen und Blick für Blick in unserem Blutsbewußtsein zu verarbeiten, dann führen wir einander wiederum zu dem sehr hohen Berg des inneren Wissens. Nachdem wir unsere Hände gefaltet und unsere Knie gebeugt haben, erscheinen vor uns die geweihten Formen der Stadt Christianopolis im Wahrnehmungsfeld des mikrokosmischen Himmels, der durch das göttliche Schöpfungswunder in uns gebildet wurde.

Vielleicht ist diese Himmelssphäre in Ihrem Wahrnehmungsfeld noch schwer bewölkt und empfinden Sie noch Hindernisse bei Ihrem Versuch, die Zeichen und Wunder des universellen Gottesplanes mit Welt und Menschheit zu verstehen. Aber seien Sie versichert, einmal wird sich diese Himmelssphäre als ein transparentes azurnes Feld ausbreiten, in dem sich alles im Liebesglanz Jesu Christi, unseres Herrn, sonnen wird.

Da ragen die achtundzwanzig Türme auf, die wir beim letzten Besuch der Mysterienstadt aufmerksam betrachtet haben. Während der silberne Glockenchor das Lob des Herrn verkündet, sehen wir die sehr begnadeten Bürger und Bürgerinnen auf der einen Straße, die Christianopolis besitzt.

Ein einfaches Städtchen, nicht wahr? Nur eine Straße mit zwei Häuserreihen. Wie langweilig! Die Häuserreihen sind, abgesehen von kleinen Unterschieden, alle gleich in der Form. Es gibt kein Geschäft oder Warenhaus mit auserlesenen, hinter Spiegelglas glänzenden Auslagen. Alles, was die Bürger nötig haben, muß von dem einen Marktplatz geholt werden, den die Stadt besitzt.

Es ist eine Straße, die im Quadrat verläuft, zwanzig Fuß breit, wie ein Plätzchen für alte Menschen. Stellen Sie sich vor, Sie müßten dort Ihre Tage verbringen! Und dann noch hinter einer Mauer, die fünfundzwanzig Fuß stark ist! Sie würden sich schnell an den Hals greifen und nach Luft ringen.

Jedoch das klassische Wort: »Wehe dem, der das Gewand der Thora für die Thora selbst hält«, ist schon sehr alt. Gott kennt unsere Herzen, er kennt unsere Gesinnung, unsere

Wirklichkeit und sieht nicht auf das Äußere. Durch ihn werden wir gedrängt, »von innen her zu sehen« und alle Täuschungen zu durchbrechen.

Lernen Sie von uns, daß kein neuer Wein in alte, lederne Schläuche gefüllt werden kann, daß sich keine vollkommene Wahrheit in einer gebrochenen Realität, einer geschändeten Natur, in einer sündigen Menschenwelt klar offenbaren kann.

Wenn die Wahrheit zu uns durchdringen will, dann muß sie menschliche Gestalt annehmen, dann muß sie in der Vibration der von uns verdorbenen dritten Dimension kommen. Deshalb ist sie stets verschleiert. So wird die Wahrheit durch Christus unter uns wohnen. Er nimmt die Gestalt eines Menschen an und ist gehorsam bis zum Tod, ja, sogar bis zum Tod am Kreuz, um so die Kraft der Wahrheit in unsere Verdorbenheit zu bringen.

Der Gott der Wahrheit erscheint uns als eine Reihe von Worten, über die man endlos debattiert und nur Buchstaben und keine Kraft sieht, weil man noch irdisch ist.

Der Gott der Wahrheit erscheint uns als Mensch, als ein guter Mensch, als Lehrer, als Prophet, ja, als ein sehr besonderer Mensch, als Weltlehrer, als der Christus der Theosophen, dessen Wort mit den Worten anderer verglichen wird, weil man noch von der Erde, also irdisch ist.

Der Gott der Wahrheit erscheint als ein Jude, als Sohn eines gehaßten Volkes, das man verflucht und über die Erde jagt.

Der Gott der Wahrheit wird uns trostlos langweilig dargestellt, und man spricht über ihn in einer gotteslästerlichen Weise, um uns auszubeuten.

Der Gott der Wahrheit erscheint auch in der Schule des Rosenkreuzes, und einige schwatzen über Christus mit vielen Worten ohne Kraft. Und man will nicht sehen, daß die verdunkelte Vernunft unserer versunkenen Welt zwischen uns und Ihm steht, der über aller Zeit ist.

Die Wahrheit läßt Sie nicht los, sie verfolgt Sie wie ein Schatten, von Sekunde zu Sekunde, Tag und Nacht, bis Sie aufschreien: »Laß mich in Ruhe!« Die Wahrheit erscheint Ihnen in Gestalt von Worten, und doch kann sie nicht in Worten gefunden werden. Die Wahrheit erscheint Ihnen in der Gestalt eines Menschen, und Sie sagen: »Er ist ein Tor!« Sie beginnen die Wahrheit zu verstehen, wenn etwas vom neuen Menschen in Ihnen wächst. Dann durchbrechen Sie die Verschleierungen und Illusionen, dann sehen, hören und verstehen Sie anders.

Wenn der Neophyt in das Wahrnehmungsfeld seiner mikrokosmischen Himmelssphäre blickt, sieht er die Dinge nicht in der Perspektive der dreidimensionalen Welt, aufgeheitert mit etwas Farbe und Licht. Er sieht sie dann von innen. Die Stadt der Mysterien ist dann für ihn eine mathematische Formel, ein magisches Schlüsselprinzip. Und die Gestalt, in der diese Formel ihm erscheint, erklärt ihm etwas von ihrer Absicht.

Die Form der Stadt Christianopolis deutet auf ein neues Zusammenleben, eine neue Menschenordnung hin, die von Menschen getragen, in Gottes Gnade errichtet werden muß. Da der Christus im Menschen Jesus erscheint, wissen wir, daß Christus in Menschen Gestalt annehmen muß in der Erfüllung seines Gesetzes in Güte, Wahrheit und Gerechtigkeit. Darum beginnen wir mit der uns gestellten

Aufgabe auf andere Weise als mit der wenig Erfolg versprechenden intellektuellen Methode.

Es gibt in der Christusstadt nur eine Straße, und wir wissen, daß sie zwanzig Fuß breit ist. Diese Tatsache erklärt dem esoterischen Schüler, daß die Bewohner dieser Straße, die sich von den Täuschungen befreit haben, wieder unmittelbaren Kontakt mit dem universellen Plan Gottes haben. Die alten Kabbalisten sprachen vom zwanzigsten Pfad der ursprünglichen Weisheit, auf den die Schatten des Materialismus keinen Einfluß mehr haben.

Sie müssen bedenken, daß Christus gekommen ist, um uns wieder mit der ursprünglichen Weisheit zu verbinden, um uns wieder mit Gott zu versöhnen. Dem gesamten Universum liegt ein gewaltiger Entwicklungsplan zugrunde, in dem jede Lebenswelle eine Aufgabe zu erfüllen hat, Haupt für Haupt und Herz für Herz. Darum strahlt der Logos einen Teil dieses Entwicklungsplanes zu uns aus, damit er von uns erkannt und erfüllt werden kann.

Das ist das Wesentliche der Arbeit, die der Mensch verrichten muß! Dazu ist der Mensch gerufen! Aber er ist von seiner Berufung abgewichen und hat eine Lebenserfüllung gewählt, die unsere Welt in ein Schlachthaus und in einen stinkenden Müllhaufen verwandelt hat.

Nun geht es in erster Linie darum, erneut mit dieser ursprünglichen Weisheit, mit dem Gottesplan verbunden, versöhnt zu werden, damit der Mensch dann diesen Plan, jeder nach seiner Berufung, nach Gottes Absicht verwirklicht.

Johann Valentin Andreae sagt uns deutlich, wie wir zu der einen Straße der Stadt Christianopolis kommen und wie wir zum Mittelpunkt, zum Herzen des Heiligtums weitergehen können.

Um zu der einen Straße zu gelangen, muß der Neophyt die Mauer durchschreiten, die fünfundzwanzig Fuß stark ist, die Arbeitsstätte, die äußerste Reihe der Wohnungen und die dazwischenliegenden Räume, die jeweils zwanzig Fuß messen. Daher muß er bis zu der innersten Reihe Wohnungen, verteilt über sechs Etappen, eine Entfernung von hundertfünfundzwanzig Fuß zurücklegen.

Die fünfundzwanzig Fuß starke Mauer kann er in der Kraft des Heiligen Geistes, das heißt in der Gestaltungskraft der Gottesidee übersteigen. Mag diese Gottesidee noch so beschränkt, noch so verdunkelt, noch so entstellt sein durch das Kennzeichen der Sünde, da, wo der Mensch in Wahrhaftigkeit mit dem Einsatz all seiner beschränkten Vermögen danach strebt, die Gottesidee zu verwirklichen, da setzt er die in ihm verborgene Kraft des Heiligen Geistes ein und wird dadurch in Christus aufgenommen.

Die Qualität seines Strebens, das Maß, in dem er sich von Täuschungen und antichristlichen Tendenzen befreit, bestimmt, wie schnell die Mauer der Mysterienstadt vor ihm weichen wird.

Wenn wir uns in der Schule des Rosenkreuzes gegen den Humanismus in allen seinen Ansichten wenden, dann meinen wir die verzweifelten Bemühungen Tausender, die zeigen, daß sie durchaus Liebe besitzen, die vollkommen opferbereit sind und oft ihr ganzes Wesen in der Tat einsetzen, so daß ihre Seelenqualität stündlich an Schönheit zunimmt. Und doch sind die Ergebnisse ihrer Bemühungen so hoffnungslos und völlig nutzlos, weil Christus nicht frei von der Verschleierung erkannt wird, der Christus, der allein uns befähigt, wieder Kinder Gottes zu werden. Deshalb ist die Zahl derer, denen es gelingt, die fünfundzwanzig Fuß starke Mauer zu durchbrechen, so unwahrscheinlich klein, obwohl die geeigneten Menschen so außerordentlich zahlreich sind.

Wenn der Neophyt die Mauer passiert hat, liegen fünf Entwicklungsstufen, fünf Prüfungsstationen vor ihm. Wenn er das Kreuz selbst über die Mauer getragen hat, dann prägt er das Pentagramm, den leuchtenden Stern hinter dem Rosenkreuz, durch das Feuer in sein Wesen ein. Das Werk des Heiligen Geistes setzt sich in den fünf magischen Wundern fort, die sich in den ersten fünf Graden der Mysterienschule beweisen, in denen die wirkliche Freimaurerei, die königliche Kunst des Bauens in ihrer ersten Ansicht ausgeübt und bewiesen werden muß.

Verwechseln Sie niemals den Besitz an Seelenqualität, an Charakterqualität mit diesem aus dem Feuer und durch das Feuer entstandenen Seelenkörper. Das erste ist das Resultat des Ringens vor der Mauer, das letzte die Besteigung des flammenden Berges, des Läuterungsberges hinter der Mauer der Stadt Christianopolis.

Wer diesen Läuterungsberg besteigt, hat die sechs Stufen hinter sich gebracht. Er ist wie Christian Rosenkreuz mit dem sechsten Seil dem Todesschacht entkommen. Er wandelt auf der einen Straße der Mysterienstadt, vollkommen verbunden mit dem Gottesplan: »Unter dem Schatten Deiner Flügel, o Jehova!«

Aber das Wandeln im Licht, gleich wie er im Licht ist, ist noch nicht die Erfüllung des Gottesplanes. Wenn die königliche Kunst des Bauens von den Maurern und Gesellen so weit beherrscht wird, daß die theokratische Gemeinschaft sich deutlich beweist, die Menschheit wieder mit dem Gottesplan verbunden und das Tier in den Abgrund verbannt ist, dann muß die Aufgabe erfüllt werden, die möglich geworden ist durch ein solches solides neues Fundament, das sich stets in sich selbst erneuert.

Denn, gibt es nicht einen Marktplatz, wo alle, die auf der einen Straße wandeln dürfen, alles empfangen können, was zur Instandhaltung ihres geistigen Zustandes, der durch Feuer hervorgebracht wurde, nötig ist?

Daher wird nun der Weg zum Mittelpunkt des Heiligtums erschlossen. Es eröffnen sich wiederum fünf Arbeits- und Entwicklungsstufen, jeweils fünfundzwanzig, dreißig, fünfunddreißig, vierzig und fünfundvierzig Fuß breit, also stets um fünf Fuß zunehmend, bis zum runden Tempel in der Mitte, dessen Durchmesser hundert Fuß mißt.

Durch die magische Kraft des verwirklichten Pentagramms setzt der Bruder seinen Fuß zunächst auf den fünfundzwanzigsten Pfad, nicht als ein gerufener Mensch, sondern als gerufener Apostel. Er beginnt seine Arbeit mit dem Lebens-Wasser Christi, das nun in seinen Händen eine vollkommen andere Wirkung erhält.

Danach betritt er den dreißigsten Pfad, wo er das Wasser mit dem Feuer verbindet. Auf dem fünfunddreißigsten Pfad erschafft er ein neues Arbeitsfeld, auf dem vierzigsten Pfad entflammt er ein neues Licht, während er auf dem fünfundvierzigsten Pfad eine gewaltige Dynamik ausstrahlt. Wer Ohren hat zu hören, wird es verstehen.

Es ist die Arbeit der Herren des Erbarmens, der Älteren

Brüder des Rosenkreuzes, einer menschlichen Hierarchie, der Brüder des Weißen Tempels, die es uns durch ihr fünffaches Opfer im Innern der Stadt Christianopolis ermöglichen, in der Kraft Christi, das niedere Pentagramm zu ziehen.

So hat das Pentagramm zwei Ansichten: ohne das höhere kann das niedere nicht verwirklicht werden. Sprachlos vor Dankbarkeit müssen wir sein gegenüber Christus und seinen heiligen Dienern, die dieses Liebesopfer für uns bringen.

Da kommen sie, die auf dem fünfundvierzigsten Pfad wandeln. Sie stehen vor den Pforten des runden Tempels in der Mitte. Es öffnen sich die ewigen Tore, und wie ein Sturmwind dringen die Lieder nach draußen, die Musik von Christianopolis:

»Wohlan, alle, die ihr durstig seid, kommet her zum Wasser, und die ihr nicht Geld habt, kommet her, kaufet und esset, ja kommt her und kaufet ohne Geld und umsonst beides, Wein und Milch. Warum zahlet ihr Geld dar, da kein Brot ist und tut Arbeit, davon ihr nicht satt werden könnt?

Trost, Trost sei meinem Volke! Und die Stimme des Rufenden in der Wüste erklingt: Bereitet dem Herrn den Weg, macht richtig seine Steige!

Du Verkünder guter Botschaft, steige auf einen hohen Berg. O Jerusalem, erhebe Deine Stimme mit Macht! Siehe, hier ist Dein Gott!«

IX

MAGISCHE ARCHITEKTUR

Die Millionen Einwohner unseres Landes* sind im allgemeinen große Individualisten. Jeder Niederländer weiß in mehr als einer Hinsicht, daß er jemand ist. Die Bürger der niederländischen Nation bilden, jeder für sich, einen Staat im Staate. Sie fühlen sich als Autorität in einem streng abgegrenzten Eigentum, und es ist nicht gut, diese Autorität auch nur irgendwie einzuengen. Viele sind nervös aufgrund des Selbstbehauptungsdranges, der ihnen in den Gliedern sitzt. Und sie befinden sich dabei in einem fortwährenden Mobilmachungszustand. Sie sind in jedem Augenblick bereit, in den Streit zu ziehen.

Einem objektiven Beobachter muß vor allem auffallen, daß in den Niederlanden, vielleicht mehr als anderswo, die durch die Straßen flanierende Menge sich ständig in einem Zustand des Argwohns befindet. Man beobachtet genau, wie der andere auf die eigene Autorität reagiert. Ist der Blick nicht ehrerbietig genug oder zu forsch, dann hört man in gewissen Kreisen sofort: »Wollen Sie etwas von mir?« Und wenn es nicht gesagt wird, dann wird es gedacht.

Wir sind davon überzeugt, daß die meisten unserer Leser völlig verstehen, was wir meinen, weil sie alle große Indivi-

---

* Gemeint sind die Niederlande. Die Ansprachen richteten sich an niederländische Schüler.

dualisten sind. Viele können es nicht ertragen, daß ein anderer hinter ihnen geht. Ihre Ausstrahlungen stören sich. Der andere tut dem Königreich, das Sie errichtet haben, Gewalt an, und ängstlich beschleunigen Sie Ihren Schritt oder lassen Ihren Verfolger vorbeigehen und zahlen ihm mit gleicher Münze heim. Die Behauptung Ihrer Individualität, Ihrer Autorität, des von Ihnen errichteten Reiches, das ist Ihr Leben, Ihr Leiden, Ihr Verdruß.

Die Grenzen, die Sie gezogen haben, sind sehr transparent, und deshalb fühlen Sie sich unbehaglich, stark behindert und nervös, und Sie reagieren entsprechend Ihrer Wesensart. Sie wissen, daß ein anderer Sie durchschaut, und darum werfen Sie geringschätzig den Kopf hoch oder gehen in Abwehrstellung.

Alle Niederländer sind damit beschäftigt, sehr sorgfältig ihren Individualitätsbereich zu kultivieren. Was in Deutschland »Lebensraum« genannt wird, liegt auch dem Niederländer sehr am Herzen. Und das ist eine sehr kritische Angelegenheit.

Sie wünschen mehr Lebensraum, Sie kämpfen um mehr Lebensraum. So breitet sich im dreidimensionalen Raum ein großes Chaos aus. Sie wünschen nicht nur ebensoviel, Sie wünschen mehr. Und wenn Sie mehr haben, so empfinden Sie dieselbe Bedrängnis, denselben Lebenshunger, dieselbe Lebensangst. Sie zetern oder denken immer noch: »Wollen Sie etwas von mir?« weil Sie sich selbst in ihrem Naturtrieb im anderen widerspiegeln. Ob Sie gebildet oder ungebildet, raffiniert oder brutal offen sind, Ihrem Naturtrieb entsprechend kämpfen Sie um mehr Lebensraum, von einem Individualitätsfieber ergriffen, das teuflisch ist.

Dieses Elend äußert sich nicht nur materiell, es weist auch geistige Reflexe auf. Es schafft eine gewisse Kultur eigener Färbung. Diese besitzt auch Schönheit und eine gewisse Vornehmheit. Sie überzieht die trostlose Wüste raffiniert mit Oasen. Wäre das nicht der Fall, so würden wir schneller entdecken, daß wir auf dem falschen Weg sind. Es ist diese Betäubung, der sich der ängstliche und streitbare Mensch so gern für einen Augenblick überläßt, an die er sich klammert, die er pflegt, die er »Fortschritt« nennt.

Eine der spezifisch niederländischen kulturellen Äußerungen ist die Architektur. Auch darin drückt sich die Individualität aus. Auf dem Gebiet der imposanten Bauten stehen die westlichen Kulturländer vielleicht auf gleicher Höhe, im Wohnungsbau jedoch haben die Niederländer einen Vorsprung. Unsere Architekten sind Künstler. Sie wissen unseren Wohnvierteln einen gewissen Reiz zu verleihen, und die Zeit ist nicht mehr fern, da kein Niederländer mehr in einem Elendsquartier hausen wird.

Dieser Wohnungsbau ist eine typische Äußerung des niederländischen Volkscharakters. Das Haus ist in unserem Leben ein sehr wichtiger Faktor. Das ist seit vielen Jahrhunderten so gewesen, und deshalb wurde auch immer von der berühmten niederländischen Baukunst gesprochen, die sich nicht nur in Kirchen, Regierungspalästen und dergleichen äußerte, sondern auch vor allen Dingen im Wohnungsbau. Im ganzen Land besitzen wir dafür schöne Zeugnisse im Überfluß. Sobald sich der stark individualisierte Volkscharakter ungehindert äußern kann, entwickelt sich eine nationale Baukunst.

Wenn unserer Eigenart jedoch Gewalt angetan wird,

müssen auch unsere kulturellen Äußerungen verkümmern. Nach unserer Auffassung ist der trostlose Baustil des vorigen Jahrhunderts eine Folge der französischen Herrschaft, welche die Eigenart unseres Volkes stark beeinträchtigt hat und von der sich unser Volk kulturell nur langsam erholen konnte. Und heute erleben wir eine neue, moderne Baukunst, ein Beweis, daß unsere Eigenart die Grundlage ihrer natürlichen Entwicklung wiedergefunden hat und gewisse Behinderungen fortgefallen sind.

Wir weisen Sie jedoch auf das esoterische Grundgesetz hin, daß eine Kunstäußerung, durch die sich ein bestimmtes Volk auszeichnet, von der Rasseneigenschaft begrenzt wird, der sie entstammt; daß sie damit auf- oder untergeht. Der Wunsch, ein eigenes Haus zu besitzen, dieses Haus auszuschmücken, einzurichten und bestimmten Schönheitsnormen zu unterwerfen, ihm einen besonderen Charakter zu geben, dieser Wunsch entspringt der sehr individualisierten niederländischen Volksseele. Aber es bedeutet gleichzeitig ihr Urteil. Deshalb müssen die Niederländer aufgrund ihrer Wesensart viele tüchtige Architekten besitzen, Männer, in denen sich diese Volkseigenschaft sehr deutlich ausprägt.

So ist es auch selbstverständlich, daß die Niederländer außerordentlich befähigte Wasserbauingenieure haben, menschliche Biber, die das Leben in einem wasserreichen Land ermöglichen.

Wir wollen damit nur ausdrücken, daß jeder Künstler, jeder in der materialistischen Wissenschaft hervorragende Mensch ein Produkt der Volkseigenart, ein Beweis der Eigenart der Rasse ist. Wenn Sie wissen wollen, wie böse, wie gefährlich, entartet oder wie gut und kultiviert ein bestimmtes Volk ist, dann müssen Sie Kunst, Wissenschaft und Religion der Intelligenzschicht betrachten. Deren Verhalten spiegelt den Volkscharakter wider.

Anhand des gleichen Gesetzes ist zum Beispiel zu erklären, warum Deutschland so viele Philosophen und Komponisten hervorgebracht hat. Alle materialistische und spekulative Philosophie der deutschen Schule wird durch die Neigung der deutschen Nation hervorgerufen, sich selbst weiser zu finden als jede andere Nation. Alle wahre Musik hat ihren Ursprung in religiösem Bewußtsein, und die deutsche Volksseele ist unverkennbar religiös. Wo sich jedoch Religion mit Emotion und Materialismus, mit Primitivität und Egoismus mischt, entsteht unwahrhaftige Musik, ein Klangmeer ohne Inhalt, das nur betört. Auch von dieser Art Musik hat Deutschland eine Menge hervorgebracht.

Der Niederländer ist ebenfalls religiös und müßte deshalb auf musikalischem Gebiet sehr schöpferisch sein. Das ist er auch, allerdings ist wegen seines bereits erwähnten starken Individualismus sein Musikschaffen nicht so prononciert. Die Niederländer sind religiös in zahlreiche Glaubensbekenntnisse gespalten, und hieraus ergibt sich eine große Disharmonie in dem Zwischenfeld, das uns die Vibration aus der Sphäre der Töne überträgt.

Dasselbe kann vom niederländischen Denken gesagt werden. Große Werte, seltene Schätze liegen und bleiben mitunter verborgen durch Unverstand und fehlerhafte Lebenshaltung.

Wenden wir uns nun dem Begriff »magische Architektur«

zu. Wir zitieren dazu die Hinweise, die uns Johann Valentin Andreae in *Christianopolis* gibt. Wir lesen dort:
Alle Gebäude sind drei Stockwerke hoch. Gemeinsame Treppen führen hinauf. Das kann man auf der Abbildung deutlich erkennen. Die Häuser sind aus Backsteinen erbaut und durch feuerfeste Mauern getrennt, so daß ein Brand keinen ernstlichen Schaden verursachen kann.

Es wäre zu wünschen, daß Sie durch unsere vorhergehende Darlegung verstehen, daß es falsch ist, anzunehmen, unsere Kulturgüter, die sich in Kunst, Wissenschaft und Relgion entwickeln, wären im Wesen vollkommen schön, wahrhaftig und unvergänglich.

Mehrmals sind unsere Schüler bereits darauf hingewiesen worden, daß diese Darstellung eine Mystifikation ist. Unsere Welt befindet sich in einer großen Disharmonie. Die Menschheit lebt absolut falsch und folgt falschen Richtlinien. Deshalb müssen sich alle hierdurch in den Nationen geweckten Eigenschaften klar in der Intelligenzschicht zeigen. Alle Schwermut, aller Haß, alle Lügen und Laster, alle Gemeinheit und alles dadurch geweckte Verlangen und Seufzen nach Rettung und Befreiung prägen sich in den hervorragenden, leitenden Gruppen aus.

Darum, mögen Sie uns auch töricht finden, sagen wir Folgendes: ein Flugzeug kann beispielsweise nicht zu letzter Vollkommenheit entwickelt werden, wie es viele erträumen und denken, sondern diese Maschine ist nur ein Schatten, eine materialisierte, verkümmerte Idee, ein kristallisiertes Verlangen nach Befreiung, das immer eine Spur von Blut und Elend hinterläßt, so wie unsere ganze Technik kraft ihrer Eigenart.

Deshalb sagen wir, daß die Baukunst trotz ihrer unverkennbaren Schönheit nichts anderes ist als Täuschung und tiefe Betrübnis, ein Heimweh nach etwas anderem, das unfaßbar ist.

Kennen sie die Legende vom Kaiser und dem Architekten? Es war einmal ein Kaiser, der träumte von einer wunderbaren, schönen Stadt. Er traf einen Architekten, einen Künstler von Geblüt. Der Kaiser erzählte ihm von seinem Traum und von seinem Wunsch, eine solche Stadt zu bauen. Der Architekt ging an die Arbeit. Die schönsten und gewaltigsten Wunder entstanden nach seinen Gedanken. Er baute eine Stadt nach der anderen; aus Basalt und Marmor, aus Glas und bunten Steinen mit vielen Brücken und Terrassen. Aber es war alles eine große Enttäuschung. Und abermals erschien dem Kaiser in einer Sinnesentrückung die himmlische Stadt. Er spornte den Architekten zu einer letzten Kraftanstrengung an. Die Türme stiegen empor in der versündigten dreidimensionalen Welt, aber in Farbe und Ausführung den himmlischen Gesetzen entsprechend. Aber dann kam das Urteil, und das Himmelsfeuer schoß herab. Die Trümmer der Täuschung flogen umher, und das Blut des Architekten färbte den Trümmerhaufen mit roter Glut. Und das letzte, was wir vom Kaiser sahen, waren seine gebeugten Knie und gefalteten Hände. Er blickte nach der himmlischen Stadt, die zum dritten Mal strahlend im geistigen Gesichtsfeld stand.

Erkennen Sie es doch, das Königreich Gottes ist nicht von dieser Welt. Schönheit, Güte, Wahrheit und Gerechtigkeit sind in dieser Verdorbenheit nicht zu finden und zu verwirklichen. Und wenn Sie diese zu entdecken glauben, dann ist es nur ein Schatten, dem Sie nachlaufen, ein Hindernis auf dem Pfad, ein luziferisches Ungeheuer.

Es gibt nur *eine* Lösung. Nach dem Gesetz unseres kaiserlichen, hohepriesterlichen Geschlechtes auf unsere Knie niederzusinken mit der Bitte: »O Gott, befreie mich von diesen Illusionen und diesem Naturtrieb! Laß mich die Schönheit Deines ursprünglichen Schöpfungsplanes erkennen, mit dem Du uns mit Hilfe Deiner heiligen Diener durch die Gnade Christi wieder verbinden willst!«

Wenn Sie so niedersinken, dann sehen Sie den Weg nach Christianopolis vor sich. Dann werden Sie zu den Wohnungen der Mysterien gerufen. Dann spüren Sie die majestätische magische Architektur.

Nehmen wir einander bei der Hand und besteigen wir die gemeinsamen Treppen. Hier gibt es kein privates Treppchen für Individualisten! Ein gemeinsames Treppenhaus ist es, was da strahlt. Wenn Sie nicht mitkommen wollen, dann müssen Sie zurückbleiben.

Es sind nach irdischen Maßstäben keine breiten Stufen. Die Städte der Architekten sind für Ihren verstofflichten Blick unendlich schöner als die dreistöckigen Häuser der Christenstadt. Sie sind aus Ziegelsteinen erbaut. Stein für Stein wurde von den Bauleuten gebracht und eingefügt; Stein für Stein wurde im Brennofen der Erneuerung hart wie Stahl.

So ist das erste Stockwerk zu einem klaren Bewußtsein unserer Herkunft von einem kaiserlichen, hohepriesterlichen Geschlecht und unserer augenblicklichen Versunkenheit im Morast der Sünde geworden.

So wird das zweite Stockwerk zu einem Aufgang in das

neue Leben. Der Natur nach als neue Persönlichkeit, sind wir nicht *von* dieser Welt, jedoch *in* dieser Welt. Dem Geist nach, sind wir Verbundene mit dem Gottesplan durch das Annehmen des Kreuzes.

Und so ersteht als Krone der Überwindung das dritte Stockwerk, und wir hören bei unserem Kreuzgang die Stimme: »Ich sage Euch: heute noch sollt Ihr mit mir im Paradiese sein.« Er in uns und wir in ihm.

Wenn wir den Entschluß fassen, dieses Bauwerk miteinander zu errichten, dann gibt es viele äußerst mühevolle Konsequenzen, jedoch unser Bauwerk wird wie ein unzerstörbarer Fels – Petra – sein, auf den die Theokratie sicher gegründet werden kann.

Wir wenden uns hier besonders an die jungen Freunde und Freundinnen unter uns, die das Leben noch vor sich haben. Und wir möchten Sie bitten, wenn Sie uns verstanden haben: Zerbrechen Sie die Fesseln, mit denen man Sie von Geburt an gebunden hat. Weigern Sie sich, weiter im Gewohnheitsstrott dieser versunkenen Weltordnung zu gehen. Besinnen Sie sich auf Ihre Berufung als Kinder Gottes. Vielleicht werden Sie dann, nach den Maßstäben der Einwohner der Basaltstadt, arm und mühselig leben, jedoch als Bewohner der Christenstadt werden Sie sehr reich sein, sagenhaft reich.

Es werden Arbeiter gesucht, die den Mut haben, die Illusionen abzuschütteln und durch Widrigkeiten, Schmerz und Pein, mitten durch das Land der Barbaren zum schützenden Hafen zu reisen.

»O Gott, befreie mich von dieser Täuschung und von diesem Naturtrieb! Laß mich die Schönheit Deines ursprünglichen Schöpfungsplanes begreifen, mit dem Du uns mit Hilfe Deiner heiligen Diener durch die Gnade Christi wieder verbinden willst!«

X

WEITERE AUFKLÄRUNGEN ÜBER DIE STADT DER MYSTERIEN

Wenn der Neophyt in der Mysterienschule des Rosenkreuzes das erste Mal Christianopolis, den Kern des Kraftfeldes, betritt und ihm vergönnt wird, die Einrichtungen dieser Stadt in allen Einzelheiten zu studieren, dann erfüllt ihn außer Freude und Dankbarkeit auch ein großes Erstaunen. Denn er entdeckt, daß die Mysterienschule nicht in erster Linie eine Studiengemeinschaft, sondern eine Arbeitsgemeinschaft ist.

Anfangs glaubte er vielleicht, zu einer übernormalen Universität, einer höheren Schule göttlicher Weisheit zugelassen zu werden. Er dachte, hier würden durch die neu erworbene Weisheit verborgene Kräfte in ihm frei werden, die er später im großen Weinberg gebrauchen könnte. Die Wirklichkeit streicht jedoch viele seiner falschen Vorstellungen durch.

Wieder muß er verschiedene Illusionen aufgeben. Mit betrübtem Gesicht läßt er von ihnen. Aber er ist nicht traurig, weil er Unvernünftiges aufgeben muß, sondern weil er eine Illusion so lange festgehalten hat, wenn auch in bester Absicht, ja mit einem Gebet auf den Lippen. Die Freunde des Rosenkreuzes kennen diese Betrübnis.

Als wir vor Jahren den Kern eines wahrhaft neuen geistigen Lebens gründeten und die ersten Schritte auf dem Pfad wagten, war unser Verlangen unermeßlich, jedoch unser Besitz, die Blutsbasis, auf der wir begannen, noch sehr kümmerlich.

Deshalb mußten wir uns in der Welt der Erscheinungen orientieren und griffen nach philosophischen und wissenschaftlichen Normen, die wir in unserem weltumfassenden Verlangen in uns hineintranken, wie den sprühenden, funkelnden Wein der Erneuerung. Wir griffen zu zahllosen Büchern, in denen uns, wie wir meinten, die Mysterien der westlichen Welt übertragen wurden. Und wir hörten nicht das Gelächter, das schadenfrohe Lachen Luzifers. Da sind wieder ein paar Menschen mit der Gründung eines Kerns einer neuen Bruderschaft beschäftigt, und sie verwenden ein Arbeitsmaterial, das von Grund auf durch die Täuschungen dieser Naturordnung verdorben ist. Ist es nicht von vornherein köstlich hoffnungslos, nicht einfach zum Totlachen?

Wenn das Verlangen jedoch stark genug ist und von Menschenliebe durchstrahlt wird, dann kommt Licht in diese Dunkelheit, und das Lachen Luzifers muß verstummen. Von Anfang an stellten wir in all diesen Jahren Christus in den Mittelpunkt unserer gesamten Arbeit, und wir legten als Basis unter das Rosenkreuz das Kompendium für unser aller Leben: die heilige Bibel.

Hätten wir dieses heilige Buch nur als Ornament betrachtet, hätten wir die sieben Siegel unberührt gelassen, dann hätten die Diener der Täuschung ihren Frieden gehabt. Jedoch von Anfang an brachten wir, von unserem bittenden Verlangen geleitet, der ständig wachsenden Schar Interessierter eine völlig neue, ursprüngliche esoterische Theologie, eine Bibel mit sieben erbrochenen Siegeln.

Diese Magie war unsere Rettung. Dieses Licht hat uns durch Widrigkeiten, Schmerz und Pein zum Zufluchtshafen der Mysterien geleitet. Diese Kraft hat das Lachen Luzifers in einen Wutschrei verwandelt. Wir waren unseren Widersachern aus dem Lager des schwarzen Verfluchten gerade um einen Zug voraus. Glaubten sie, wir wären damit beschäftigt, aus Mangel an Unterscheidungsvermögen ausschließlich nach der veröffentlichten, kontrollierten Literatur zu leben und zu arbeiten, so begannen wir von innen her mit der Esoterik der Bibel, vornehmlich mit der Esoterik und der verborgenen Magie des Johannes-Evangeliums und des Pentateuchs.

Sie müssen wissen, daß eine auf esoterischem Boden gewachsene Laientheologie für die, welche die luziferische Naturordnung aufrechterhalten wollen, fatal ist. Alle offizielle, wissenschaftliche Theologie aber ist seit dem klassischen Verrat des Augustinus mit Händen und Füßen an die Täuschung gebunden und deshalb völlig ungefährlich für die Mächte des Bösen. Wie gut und rein unsere heutige Theologie auch gedacht sein mag, so kann sie doch nichts mehr zerbrechen. Und wer nicht abreißen kann, der kann auch nicht aufbauen.

Die Menschen, die uns zu Beginn unserer Arbeit zuhörten und uns nicht kannten, die uns höchstens als unbedeutende Mittelständler einstuften, glaubten, wir hätten unsere Lehre ihnen noch unbekannten, unveröffentlichten Quellen und Autoritäten auf okkult-wissenschaftlichem Gebiet entlehnt. Und wenn wir uns als Diener des Rosenkreuzes vorstellten, dann erblickten man hinter unserer einfachen Darstellung die Lehre anerkannter magischer Größen, und unser Einfluß war unendlich größer, als es aus unserem Auftreten und unserer Persönlichkeit zu erklären gewesen wäre.

Verzweifelte Versuche wurden unternommen, um diese Situation zu beenden: Einflüsse von innen und außen versuchten, die Arbeit zu vernichten, jedoch völlig vergeblich. Was frei von der Täuschung aus dem Heiligen Geist geboren wird, kann nicht vernichtet werden. So wurde der Kern eines neuen Kraftfeldes gegründet, der Kern, den Sie als das Lectorium Rosicrucianum kennen.

Diese Schule bedeutet für viele eine große Betrübnis, weil sie mit immer größerer Kraft den Kampf mit ihren Illusionen, mit ihren Mystifikationen aufnimmt. Dieser Kampf wurde sehr behutsam und intelligent begonnen, aber er wird nun auf einer immer breiteren Front geführt. Man ist abwechselnd enthusiastisch oder tief schockiert. Einige wissen nicht mehr recht, ob sie Freunde oder Feinde unseres Werkes sein sollen. Fassungslos sieht man uns zu und denkt: »Sprechen die nun aus einem tiefen Wissen oder sind sie verrückt?«

Sie suchen einen Halt, und wir nehmen Ihnen Ihren Halt. Wenn jemand in dieser Welt arbeiten will, obwohl er im tiefsten Wesen nicht von dieser Welt ist, dann muß er gehorsam sein bis zum Tod und mit den in der Täuschung Versunkenen gehen, um sie in einem gegebenen Augenblick ihrem Irrtum zu entreißen. Wenn man Sie bittet, eine Meile mitzugehen, dann gehen Sie zwei Meilen mit.

Das Lectorium Rosicrucianum ist schon viele Meilen mit

Ihnen gegangen und hofft, noch viele hinzufügen zu können, um Sie schließlich von allen Ihren Irrtümern zu befreien.

Die Literatur, die aus der dreidimensionalen Naturordnung stammt, schlagen wir Ihnen aus der Hand. Wir treten dabei immer bestimmter auf, nachdem wir zunächst behutsam begonnen haben. Denn wir leben in einer Zeit der Deklaration, und nichts kann uns von der Klarheit trennen, die in Jesus Christus ist.

Aufmerksame Freunde werden wissen, daß die Arbeiter des Rosenkreuzes während der vergangenen Jahre stets die gleiche Sprache gesprochen, stets den gleichen Halt geboten haben, nämlich die Glorie des Kreuzes. Aber diese Glorie kennen die meisten nicht und wollen sie daher auch nicht. Diese Glorie kommt aus einer Wahrheit, die sich nicht in einen intellektuellen Begriff dieser Naturordnung fassen läßt.

Deshalb kommt diese Wahrheit siebenfach versiegelt, siebenfach verschleiert zu Ihnen, entflammt durch die Liebe des Logos, wie ein Weizenkorn in diese schwarze Täuschung herabgefallen durch das Opfer Christi, damit es hier aufbricht zu einem siebenfachen Licht, zu einem siebenfachen Jubel in der Wiedergeburt im Heiligen Geist. Diese Wahrheit, dieser rechte Weg zur Loge der Erhabenen ist nicht verborgen. Er ist allgegenwärtig. Er wird nicht in Mysterienschulen geheimgehalten und liegt auch nicht im Panzerschrank eines Eingeweihten. Diese Wahrheit ist um Sie und bei Ihnen, sie ist für Sie, ohne Vorbehalt. Die Wahrheit ist nicht hoch oben, sie ist hier.

Sie wohnt mitten in dieser Hölle, wo die Waffen im Sonnenlicht glänzen und die Phantome vor Wut schäumen. Sie wohnt mitten in dieser Entartung, und daher wird gesagt, daß Christus unser Planetgeist ist.

So hat Gott die Welt geliebt, daß er seinen eingeborenen Sohn, sein Herzblut hingegeben hat, damit jeder, der ihn entdeckt, nicht verderbe, sondern das ewige Leben erhalte.

Nach der üblichen Vorstellung steigt Christus am 21. September auf unsere Erde herab und hat am 25. Dezember den tiefsten Punkt erreicht. Aber wir sagen Ihnen, dieser Himmelsfürst geht mit Ihnen bei jedem Atemzug, bei jedem Herzschlag, vom ersten Beginn an bis zur Vollendung der Welt. Er ist es, der Ihren Eingang und Ausgang behütet. Darum ist er unser Planetgeist. Sie können sich nicht von ihm lösen. Er ist das Urteil der Liebe.

Dieses Urteil liegt in der Torheit des Kreuzes, einer Torheit nach den Maßstäben unserer Naturordnung, die nach den Maßstäben unserer Naturordnung auch nicht bekannt und verwirklicht werden kann. Das ist Ihr Konflikt. Das ist das Werk. Das ist Ihre Feindschaft, obwohl Sie wissen, daß Sie unsere Freunde sein müßten.

In diesem Urteil der Liebe, das unsere Naturordnung nicht erfüllt, sondern angreift, liegt das Tor der Mysterienschule. Das bedeutet also Kampf, Prüfung, hartes Ringen; es bedeutet Läuterung der vier Elemente Ihrer Körperlichkeit.

Verstehen Sie es doch, die Prüfungen durch Feuer, Erde, Luft und Wasser auf dem Pfad der Einweihung und das Passieren des Hüters der Schwelle beziehen sich auf die Luftsphäre Ihrer Mentalität, auf die Feuersphäre Ihrer

Begierdennatur, auf die Wassersphäre Ihres ätherischen Körpers und auf die Erde Ihrer Grobstofflichkeit.

Dieser Vierfürst, dieser Herodes, diese in Sünde empfangenen und geborenen vier Elemente Ihrer Persönlichkeit töten das Lichtelement in Ihnen, um Sie in den Schwefeldämpfen Luzifers erwachen zu lassen. Darum muß diese Vierfachheit der alten Natur untergehen, um in einer anderen Natur als eine verherrlichte vierfache Körperlichkeit geboren zu werden. So wird das Kreuz des Todes zum Kreuz der Überwindung in der Gnade Christi. So betreten Sie Christianopolis und entdecken, daß die Mysterienschule keine Studiengemeinschaft, sondern eine Arbeitsgemeinschaft ist. Wenn Sie jedoch nicht unter der Todesdrohung des Herodes, des Vierfürsten, gelernt haben, wenn Sie das Kreuz der kämpfenden Kirche nicht von Bethlehem nach Golgatha tragen wollen, dann können Sie die überwindende Kirche nicht betreten!

In Christianopolis leben nach den Worten Johann Valentin Andreaes *vierhundert Bürger friedlich und gottesfürchtig beieinander. Außerhalb der Mauer der Stadt ist ein Wassergraben voller Fische, so daß dieser Wassergraben auch in Friedenszeiten Nutzen bringt. Im Gebiet der Bannmeile befinden sich wilde Tiere, die hier nicht zum Vergnügen, sondern aus praktischen Gründen gehalten werden.*

Die gesamte Stadt ist in drei Bereiche aufgeteilt: einen Bereich für die Nahrungsversorgung, einen für Unterricht und Sport und einen Bereich für Observation. Der Rest der Insel dient dem Ackerbau und dem Gewerbe.

Hier haben Sie in verschleierter Sprache das Arbeitsprogramm der überwindenden Kirche, der durch Menschenhände, Menschenhäupter und Menschenherzen erwachenden neuen Arbeitsgemeinschaft im Kraftfeld der neuen Naturordnung.

Christianopolis hat vierhundert Einwohner – die kabbalistische Bezeichnung für magische Vollständigkeit. Eine neue Sonne erscheint am Horizont, ein neues Licht, geboren aus der im Menschen erwachten Christuskraft, ein neuer Mittelpunkt in der Natur des Todes, zwar *in* der Welt, aber nicht *von* der Welt.

Es ist eine Zitadelle mitten im feindlichen Land, unangreifbar und uneinnehmbar, weil sie sich auf eine Kraft stützt, die den Tod der Materie überwunden hat und daraus lebt. Daher heißt es, daß die Stadt umgeben ist von einem Wassergraben voller Fische, damit die Bewohner der Stadt sowohl im Krieg als auch in Friedenszeiten aus dieser Fülle leben können.

Erfahren Sie hier das Fischesymbol in seiner evangelischen Bedeutung. Es ist die Fülle, die ist in Jesus Christus, unserem Herrn, die Fülle des Kreises um die Mysterienstadt.

Im offenen Gelände sind Parks für wilde Tiere eingerichtet. O stumme Verwunderung! Wozu braucht man in Christianopolis einen Tierepark? Müssen die Bewohner der Stadt sich an einem stinkenden Affengehege ergötzen oder die monströse Häßlichkeit und Wildheit der Tiere des Urwalds begaffen? Interessiert sie etwa der fette Rücken eines Nilpferdes, das bis zum Nacken in seinem eigenen Schmutz steht? Oder gibt es hier vielleicht unbekannte ökonomische Belange und Erwägungen? Vermutlich haben viele Einwohner des Landes Interesse dafür und sind bereit, okkulte Geheimnisse zu erforschen. Man kann doch nie wissen.

Wird nicht an den Walfischen viel verdient, deren Tran, unseren Medizinern zufolge, rachitische Kinder heilt? Welch eine verborgene Gnade mag da wohl in Nilpferden oder stinkenden Affen stecken?

Wir müssen Sie enttäuschen. Die Mysterienschule bemüht sich aus anderen Gründen um wilde, reißende Tiere. Die freie Natur entsteht aus den von Luzifer desorganisierten und daher bösen Elementen. Ein Element vergegenwärtigt Kraft, und wo sich ein positiv und ein negativ polarisiertes Element einander nähern, entsteht Leben. Die tierische Lebenswelle ist das Opfer dieser Paarung und manifestiert sich entgegen ihrer göttlichen Sendung als böse, schlecht und wild, als Karikatur, als stinkende Monstren, als millionenfache Naturpest.

Sie wissen, daß die Menschheit sehr eng mit der tierischen Lebenswelle verbunden ist. Bis heute hat sie das in lukrativem Sinn verstanden. Sie hat gelernt, die tierische Lebenswelle auszubeuten, zu mißbrauchen, auszunutzen und, soweit sie ihren Absichten schädlich war, auszurotten.

Die Mysterienschule versteht die Verbindung zwischen diesen beiden Lebenswellen ganz anders. Sie bemüht sich um die Fauna, um in innigem Mitleiden den göttlichen Funken, die sich in diesen sündigen Mißgestalten und in diesem Schmutz manifestieren, beizustehen und ihnen zu helfen, indem sie in ihnen das Böse der Elemente bekämpft. Diese Arbeit muß ausschließlich aus der Offenbarungsform selbst geschehen, nicht von oben, sondern von unten her. Daß die großen schrecklichen Monster der Urvergangenheit verschwunden sind, ist allein der Arbeit der Mysterienschule zu danken. Die Entitäten, die sich ehemals auf diese Weise ausdrückten, können es nun nicht mehr, weil die Bosheit der Elemente in dieser Hinsicht gebunden ist.

Der gesamte Arbeitsplatz der Christushierophanten ist in drei Bereiche aufgeteilt: einen Bereich für die Nahrungsversorgung, einen für Unterricht und Sport und einen Bereich für Observation. Das bedeutet:

einen Bereich für das Extrahieren und Umsetzen der kosmischen göttlichen Kraft, die als Brennstoff für das große Werk dienen muß;

einen Bereich für das Lehren und Üben des rechten Gebrauchs dieser köstlichen Gaben; und

einen Bereich für die Beobachtung des großen Werkfeldes in allen Gebieten, damit die entwickelte und studierte Panazee auf die rechte Weise zur Genesung der Welt und der Menschheit eingesetzt werden kann.

Darum dient der Rest der Insel, der Rest des Kraftfeldes der Mysterienschule, bis in alle Gliederungen dem Ackerbau und dem Gewerbe. Da ziehen die Pflüge ihre Furchen. Da blinken die Sensen der Mäher und dröhnen die Hammerschläge. Da wird an einer völlig neuen Welt, der göttlichen Naturordnung, gebaut.

Da gibt es kein Interesse an den Unruhen und Spannungen in Ost und West. Da gibt es keine Teilnahme an Faschismus oder Kommunismus. Da wird ein ganz besonderer Streit gekämpft, *in* der Welt, aber nicht mehr *von* dieser Welt, mit großem Mut und in Unerschütterlichkeit.

Es ist ein ganz besonderer Streit für Welt und Menschheit.

Wer kommen will, der komme bald. Klopfet an, und euch wird aufgetan.

AUSGABEN DER ROZEKRUIS PERS

WERKE VON J. VAN RIJCKENBORGH

Elementare Philosophie des modernen Rosenkreuzes
Der kommende neue Mensch
Die Gnosis in aktueller Offenbarung
Die ägyptische Urgnosis und ihr Ruf im ewigen Jetzt (I, II, III, IV)
> Erneut verkündet und erklärt anhand der Tabula Smaragdina und des Corpus Hermeticum

Die Geheimnisse der Bruderschaft des Rosenkreuzes
> Esoterische Analyse des geistigen Testaments des Ordens des Rosenkreuzes

1 – Der Ruf der Bruderschaft des Rosenkreuzes
> Esoterische Analyse der Fama Fraternitatis R.C.

2 – Das Bekenntnis der Bruderschaft des Rosenkreuzes
> Esoterische Analyse der Confessio Fraternitatis R.C.

3/4 – Die alchimische Hochzeit des Christian Rosenkreuz (I, II)
> Esoterische Analyse der Chymischen Hochzeit Christiani Rosencreutz Anno 1459

Dei Gloria Intacta
> Das christliche Einweihungsmysterium des heiligen Rosenkreuzes für das neue Zeitalter

Das Mysterium der Seligpreisungen
Das Nykthemeron des Apollonius von Tyana
Das Mysterium von Leben und Tod
Der Keulenmensch
> Ein Aufruf an junge Menschen

Demaskierung
Es gibt keinen leeren Raum
Das universelle Heilmittel
Christianopolis
Das Licht der Welt
> Ausschnitte aus der Bergpredigt

Ein neuer Ruf

WERKE VON CATHAROSE DE PETRI

Transfiguration
Das Siegel der Erneuerung
Sieben Stimmen sprechen
Das goldene Rosenkreuz
Der Dreibund des Lichtes
> 24. Dezember 1980

WERKE VON CATHAROSE DE PETRI UND J. VAN RIJCKENBORGH

Die Bruderschaft von Shamballa
Der universelle Pfad
Die große Umwälzung
Die universelle Gnosis
Das neue Zeichen
Die Apokalypse der neuen Zeit
    Aquarius Erneuerungskonferenzen
    (1) Das Lichtkleid des neuen Menschen, Bilthoven – 1963
    (2) Die Weltbruderschaft des Rosenkreuzes, Calw – 1964
    (3) Die mächtigen Zeichen des göttlichen Ratschlußes, Bad Münder – 1965
    (4) Der befreiende Pfad des Rosenkreuzes, Basel – 1966
    (5) Der neue Merkurstab, Toulouse – 1967

Reveille!
    Weckruf zur fundamentalen Lebenserneuerung als Ausweg in einer aussichtslosen Zeit

Die chinesische Gnosis
    Kommentare zum Tao Teh King von Lao Tse

WERKE ANDERER AUTOREN

N. Abbestee	– Jugendbibel
Karl von Eckartshausen	– Die Wolke über dem Heiligtum
A. Gadal	– Auf dem Weg zum heiligen Gral
A. Gadal	– Montréalp-de-Sos – Das Gralsschloß
A. Gadal	– Das Erbe der Katharer
A. Gadal	– Das Druidentum
Mikhail Naimy	– Das Buch des Mirdad
J. Schootemeijer	– Fernsehen als Gefahr für das Individuum

Fernsehen als Instrument der verborgenen Mächte
Der Weg des Rosenkreuzes in unserer Zeit

    Rozekruis Pers, Postfach 1307, D 5276 Wiehl, B.R.D.
    Rozekruis Pers, Bakenessergracht 5, 2011 JS Haarlem, Niederlande
    Lectorium Rosicrucianum, Foyer Catharose de Petri, 1824 Caux, Schweiz